SPHINX

Das Buch

Meditation leben, ein Leben führen, das weder die negativen Erfahrungen unter den Tisch kehrt, noch eingefrorenen Idealvorstellungen nacheifert, darin enthüllt sich die verborgene Freiheit unseres Bewusstseins. *Der verborgene Geist der Freiheit* führt uns typische Verhaltensformen vor Augen und zeigt auf, wie wir sie durchschauen und ändern können. Die Methode dieses Buches ist ein sich auf konzentrischen Kreisen dem Gegenstand der Betrachtung Nähern, wie es dem klassischen buddhistischen Weg entspricht: Ausführliche Analyse der Ursachen einer Problemsituation und nachvollziehbare Ansätze zur Gewinnung körperlicher, geistiger und seelischer Gesundheit, was schliesslich in Erleuchtung kulminieren kann.

Der Autor

Tarthang Tulku (Kunga Gelek) entstammt einer alten tibetischen Familie aus der Provinz Kham. In seiner Kindheit erkannte man in ihm die Reinkarnation eines verstorbenen Lama und widmete seiner Erziehung deshalb viel Aufmerksamkeit. Mit acht Jahren sandte man den Knaben an das Nyingma-Kloster Tarthang, dem er durch eine Anzahl von Wiedergeburten verbunden war. Als Achtzehnjähriger wurde er Schüler von Jamyang Khentze Wangpo. Nach den Wirren des Volksaufstandes gegen die chinesische Herrschaft erhielt Tarthang Tulku, inzwischen in Indien sesshaft, eine Berufung an die Sanskrit-Universität in Benares. 1969 siedelte er in die USA über, wo er unter anderem das Nyingma-Institut gründete.

Tarthang Tulku

Der verborgene Geist der Freiheit

SPHINX

Aus dem Amerikanischen
von Matthias Dehne

CIP-Titelaufnahme der Deutschen Bibliothek
Tarthang ‹Tulku›:
Der verborgene Geist der Freiheit / Tarthang Tulku.
[Aus d. Amerikan. von Matthias Dehne]. – 2. Aufl. –
Basel: Sphinx Medien Verlag, 1988
(Sphinx pocket; 42)
Einheitssacht.: Hidden Mind of Freedom ⟨dt.⟩
ISBN 3-85914-342-5
NE: GT

1988

Originaltitel: Hidden Mind of Freedom

Gestaltung: Charles Huguenin
Herstellung: Clausen & Bosse, Leck
Printed in Germany
ISBN 3-85914-342-5
Bestellnummer 1500342

Allen gewidmet, die für den geistigen Weg aufgeschlossen sind

Mit einem freudigen, ausgeglichenen Lebensstil entsprechen wir ganz natürlich unserem Sein.

Die tiefe Entspannung und Offenheit der Meditation vermittelt uns eine andere Perspektive für unsere Gedanken und Wahrnehmungen.
Die Meditation zeigt uns, dass wir uns ebensowenig an bestimmte Erfahrungen zu klammern brauchen, wie wir andere ablehnen müssen. Wir können unsere gesamte Erfahrung freudig annehmen, ganz gleich ob positiv oder negativ.
Dieses freudige Annehmen mag uns eine tiefe Befriedigung aufschliessen, eine frische und herzliche Würdigung der Tatsächlichkeit unseres Lebens. Ein neuer Geist erwacht und beglückt uns mit einem Gefühl der Leichtigkeit und der Ruhe, welches alle unsere Aktivitäten wie ein feines Lachen durchdringt.

Inhalt

Vorwort

Von 1974 bis 1976 hielt ich am *Nyingma-Institute* in Berkeley, Kalifornien, Einführungskurse in den Buddhismus ab. Wir nahmen meine Vorträge auf Tonband auf und veröffentlichten sie in überarbeiteter Form über mehrere Jahre hinweg in *Crystal Mirror* und *Gesar*, regelmässigen Publikationen der *Nyingma*-Gemeinschaft. Vor zwei Jahren machte Sylvia Derman, die seit Jahren mit der Herausgabe von *Gesar* betraut ist, den Vorschlag, diese Artikel zu sammeln und in Buchform herauszubringen. Mit dem Gedanken, dass eine solche Sammlung hilfreich sein könnte für alle, denen etwas an Meditation und innerer Weiterentwicklung gelegen ist, machten wir uns also an die Publikation dieses Buches: *Der verborgene Geist der Freiheit.*

Gemeinsam mit Sylvia machte ich mich an die Überarbeitung der Niederschriften der ursprünglichen Tonbandaufnahmen. Als das Projekt zu einer endgültigeren Form gediehen war, zogen wir schliesslich Jack Petranker, Steve Randall und andere Mitarbeiter von *Dharma-Publishing* hinzu, um das Manuskript zusammenhängender und lesbarer zu machen. Ich möchte bei dieser Gelegenheit allen meinen Schülern und Freunden bei *Dharma-Publishing* und *Dharma-Press* für ihre mit der Bearbeitung und Fertigung dieses Buches verbundenen Bemühungen danken.

Der verborgene Geist der Freiheit soll keine definitive Erörterung des Pfades zur Erleuchtung sein. Ich habe jedoch die Hoffnung, dass die Ideen, die darin angesprochen werden, in Ihrem Alltag eine gewisse Leichtigkeit und Mühelosigkeit anregen und Sie dazu inspirieren können, das Potential des Geistes zu erforschen. Der Geist ist mehr als nur die von ihm gedachten Gedanken; unter den Gedanken liegt eine vitale Energie verborgen, die stets aktiv und empfänglich ist und jeden Augenblick aufmerksam wahrnimmt. Der unmittelbare Kontakt mit dieser Energie erzeugt ein Gefühl wahrer Freude und Befriedigung, das uns befähigt, jede Erfahrung zu würdigen.

Wir leben inmitten einer übervölkerten Welt voller Enttäuschungen und vergessen darüber häufig, dass Friede in unserem Geist die einzige Zuflucht darstellt. Mögen die Worte dieses Buches als eine Art Gedächtnisstütze dienen, die uns an die Klarheit und Freiheit des erwachten Geistes erinnert, und uns damit zu unserem natürlichen Zuhause rufen.

Berkeley, November 1981
Tarthang Tulku

Einleitung

Meditation ist die Grundlage für Weiterentwicklung und Wohlbefinden. Fast unmerklich verwandelt Meditation nach und nach die Qualität unserer Alltagserfahrung. Sie belebt uns, so dass wir kreativer werden, sie schult unsere geistigen Fähigkeiten und integriert Körper und Geist. Je bewusster wir dadurch werden, desto unmittelbarer kommen wir auch mit einer inneren Quelle der Erfüllung in Berührung, die jedes Erfahrungsmoment reicher macht.

Meditation kann uns einen Weg der Selbsterkenntnis erschliessen, welcher letztlich zur Erleuchtung führt. Dies ist der Weg, den der Buddha vor zweitausendfünfhundert Jahren selbst beschritt. Seine erschöpfende Untersuchung der Leidensursachen und seine Erforschung der Methoden, die zur Erlangung vollkommener Gesundheit führen, kulminieren in der vollen Verwirklichung des menschlichen Potentials. Nach seiner Befreiung lehrte der Buddha, dass die höchste Verwirklichung unabhängig von unserer Herkunft, unserer gesellschaftlichen Stellung und unseres augenblicklichen Lebensstils uns allen offensteht, und dass diese Bewusstheit – ungleich einer gewöhnlichen Erfahrung oder

Leistung – mit der Zeit weder an Frische noch an Wert einbüssen kann.

Die Lehren des Buddha laden uns ein, unsere Wissensfähigkeit voll auszubilden, und stellen Methoden bereit, durch deren Anwendung wir unsere Alltagserfahrung transformieren können. – Sie finden in diesem Buch eine Reihe von unterschiedlichen Ansätzen zur Meditationspraxis vorgestellt, wie etwa Atem-, Mantra- und Visualisierungsübungen. Sie können alle ausprobieren, um herauszufinden, welche für Sie besonders geeignet sind. So unterschiedlich die Ansätze auch sein mögen, jeder führt zur Verwirklichung des erleuchteten Geistes. Die unterschiedliche Form der Übungen hat darauf keinen Einfluss.

Allen östlichen Philosophien liegt als erstes das Verstehen des Geistes am Herzen. Sie machen uns darauf aufmerksam, dass unsere Erfahrungen *mit Hilfe* des Geistes vollzogen werden, *für* den Geist wahrnehmbar sind, *aus* dem Geist hervortreten, und ermahnen uns, im Verlauf unseres Lebens eben dieses Verständnis zu entwickeln. Da die meisten von uns nur über eine schrittweise Transformation von Erfahrung zur Einsicht kommen, müssen wir uns unablässig selbst ermutigen, aus allem, was wir tun, zu lernen. In heutiger Zeit ist es eben besonders wichtig, dass wir unserer eigenen Erfahrung trauen, denn es gibt nur wenige echte geistige Lehrer, die uns zu leiten vermögen.

Wir können uns mit unserer Erfahrung eng und verlässlich anfreunden. Wenn diese Freundschaft wächst und gedeiht, entdekken wir, dass die Transzendenz nicht irgendwo im Jenseits oder in einer anderen Zeit zu finden ist: vielmehr kann alles Geschehen in unserem Leben dazu dienen, die Erleuchtung zu verkörpern. Selbst die Dichte und scheinbare Undurchdringlichkeit von Verwirrung und Schmerz lassen sich in stille Betrachtung und Daseinsfülle verwandeln. Wir brauchen nicht mehr zu tun, als uns zu entspannen, unseren Atem ruhig ein- und ausströmen zu lassen und unsere Erfahrung unvoreingenommen und aufmerksam zu beobachten. Anstatt weiterhin innere Widerstände und Enttäuschungen aufzubauen, lernen wir auf diese Weise, Leichtigkeit, Freude und Mitgefühl in unserem Leben zu fördern. Aus dem Fortschritt und der Vertiefung unserer Meditation erwächst uns eine ganz natürliche Fröhlichkeit, und wir entdecken in all unserem Tun einen Sinn.

Aber wann weiss man eigentlich, ob man nun diese höchste Verwirklichung erreicht hat?! ... Hat ein Schüler eine Erfahrung gemacht, die er für die Erleuchtung hält, wird er wahrscheinlich zu seinem Lehrer gehen und ihn fragen, was er jetzt denn wohl tun solle. Wer wirklich frei ist, wird kaum danach fragen, was er tun oder lassen soll. Befreiung ist vollendetes Wissen um die Wahrheit, unverstellt von Werturteilen wie «richtig» oder «falsch». Mit der Erleuchtung nehmen wir ununterbrochen an der Vollkommenheit des Seins teil.

1

Meditation

Eine erweiterte Perspektive zu gewinnen, heisst eigentlich nichts anderes, als in einem stickigen Zimmer die Fenster aufzureissen: Es entsteht eine ganz neue Atmosphäre, und der frische Luftzug trägt Alternativen zu unseren gewohnheitsmässigen Reaktionen an uns heran. Wir können selbst auf unsere tiefsten Fragen eine Antwort erhalten, wenn wir uns nur bei der Meditation und im Alltag genau beobachten. Wir können entdecken, wer wir sind und was wir auf dieser Erde zu schaffen haben. Und schliesslich mögen wir sogar mit einem Wissenskörper *Fühlung nehmen, der aufgrund seiner unendlichen Weite alles berührt.*

Meditation und Entspannung

Je tiefer wir entspannen, desto näher wird die Qualität unserer inneren Bewusstheit dem natürlichen Zustand des Geistes kommen.

Die Meditation ermöglicht es uns, unmittelbar unser reines Wesen zu berühren, und uns jene Qualität des Erwachtseins zu erschliessen, die in jedem Augenblick unseres Lebens gegenwärtig ist. Zu Anfang mögen wir die Meditation für etwas halten, das ausserhalb und unabhängig von uns existiert: eine Erfahrung, die wir uns aneignen können; etwas, das wir uns zur Gewohnheit machen sollten; oder eine Disziplin, die wir noch meistern müssen. Doch eigentlich ist die Meditation etwas gar nicht so sehr «draussen Befindliches», sondern etwas, das unserem Geist innewohnt: Das gesamte Wesen des Geistes kann unsere Meditation sein.

Selbst wenn wir noch nie meditiert haben sollten, spüren wir doch ab und zu die Inspiriertheit in uns, die uns aus starken positiven Gefühlen erwächst und uns mit echter Befriedigung beglückt. Beim Meditieren können wir dann lernen, auf solche Gefühle und Empfindungen besonders zu achten, mit ihnen schrankenlos zu kommunizieren und sie ganz bewusst auszuweiten. Je grösser die Freude und das Entzücken – die ja das Wesen der Meditation ausmachen –, desto bereitwilliger wird der Geist – aufgeweckt und neugierig geworden – ganz von selbst noch weitergehen wollen.

Am besten, Sie beginnen ganz einfach und natürlich, indem Sie sich zuerst einmal ruhig hinsetzen und entspannen. Der Lotossitz ist besonders zum Meditieren geeignet, aber nicht unbedingt erforderlich. Sie können jede Sitzhaltung einnehmen, in der Sie sich wohlfühlen, vorausgesetzt, der Rücken ist aufrecht und gerade und trotzdem nicht starr und steif. Entscheiden Sie sich dafür, auf dem Fussboden zu sitzen, wird Ihnen ein Kissen unter dem Gesäss helfen, die Wirbelsäule gerade zu halten und gleichzeitig den Druck auf die Oberschenkel zu vermindern. Ihre Hände können Sie sanft auf die Knie auflegen oder im Schoss halten, ganz wie es am wohlsten ist. Lassen Sie die Augen leicht geöffnet, etwa einen Meter vor sich sanft im Brennpunkt gehalten.

Fangen Sie beim Körper an. Lassen Sie vollständig los, so dass Sie ganz, ganz entspannt werden. Entspannen Sie Ihre Augen, Ihre Stirn, den Nacken, die Hände. Lassen Sie Ihren Körper so leicht, so schmiegsam, so gelöst wie möglich werden. Und werden Sie so feinfühlig, dass Sie Ihren eigenen Pulsschlag deutlich wahrnehmen können.

Lassen Sie den Atem beim Sitzen sehr langsam werden, ebenmässig und locker, wie eine sanfte Brise oder eine zarte Wellenbewegung auf einer glatten Wasseroberfläche. Führen Sie Ihre Bewusstheit an den Atem heran, so dass sie ihn ganz sanft anrührt, seine momentane Stimmung und Qualität ertastend. Es geht dabei nicht darum, den Atem exakt und formal zu beobachten, wie etwa beim Zählen der Atemzüge. Vertrauen Sie sich vielmehr gänzlich einer gelösten, offenen Bewusstheit an, die den Atem unmittelbar berührt und ihm eine gewisse Ebenmässigkeit verleiht.

Beobachten Sie nun, wie sich die Art des Atmens noch weiter verändert, wenn Sie sich ein wenig mehr konzentrieren. Fahren Sie damit fort, ohne etwas Bestimmtes zu erwarten und ohne das Geschehen zu analysieren, bis Sie mit einer Ebene in Kontakt kommen, wo die Bewusstheit mit Ihrem Atem verschmilzt. Obwohl Sie selbst nichts hinzugetan haben, um das Atmen zu verändern, werden Sie feststellen, dass es ganz ruhig und still geworden ist. Die Gedanken gleiten langsamer dahin, und Sie können auf die Stille in

Ihrem Geist lauschen. Eine gewisse Wärme steigt in Ihnen hoch, ein Gefühl spürbarer Entspannung, das Körper wie Geist besänftigt und nährt.

Meditation setzt also bei der Entspannung an. Man lässt alles still werden und seinen Frieden finden. Wenn der Atem ruhig geworden ist, durchströmt die Energie Körper und Sinne ungehindert und harmonisiert unseren inneren Kreislauf. Nachdem wir den geistigen und körperlichen Strukturen ihre Härte genommen haben, kommt die Qualität unserer inneren Bewusstheit mehr dem natürlichen Zustand des Geistes gleich, der durch Offenheit und freudiges Annehmen charakterisiert wird.

Früher oder später wird sich dann aber eine Stimme in den Vordergrund drängen und anfangen, Unruhe zu schaffen, Gedanken zu denken und unsere Erfahrung zu bewerten. Beobachten Sie diese Gedanken und Gefühle, wie sie Ihre Aufmerksamkeit auf sich ziehen, doch folgen Sie ihnen nicht. Lassen Sie sie einfach ziehen, und Sie werden sehen, dass sie zerplatzen wie Seifenblasen. Sie selbst verhalten sich dabei wie eine lebenskluge ältere Dame, die Kindern beim Spielen zuschaut: interessiert zwar, doch ruhig und wissend. Das hat sie doch alles schon an sich selbst erlebt!

*D*ie Gedanken nehmen viele Formen an, und Sie können lernen, sie alle zu entspannen. Aber versuchen Sie weder, *irgend etwas* damit zu machen, noch, *nichts* damit zu machen. So paradox es anmuten mag: solche Versuche erzeugen nur noch mehr Spannungen und Gedanken.

Die folgende Geschichte veranschaulicht vielleicht recht treffend, wie jeder Versuch, die Stille zu erzwingen, die Meditation tatsächlich erst unterbricht: Gegen Sommeranfang war ein Schwarm Gänse zum Brüten in den Norden gezogen. Als es wieder kälter wurde, entschlossen sich die Gänse aber, in die wärmere Klimazone zurückzukehren. Bei der Vorbereitung ihres herbstlichen Fluges meldete sich nun eine Gans zu Wort und bemerkte: «Heute nacht starten wir zum Vogelzug. Wir müssen dabei aber alle darauf achten, besonders leise zu fliegen, sonst können wir leicht in Gefahr kommen.» Während des Fluges zischte dann jede Gans dem Nachbarvogel zu: «Leise, ruhig doch! ...» Bis sie sich alle gegenseitig zuraunten: «Leise, ruhig doch! ...» Es war lauter als je zuvor.

Am besten verhalten wir uns unseren Gedanken gegenüber neutral, egal was passiert. Lassen wir uns von den Gedanken mitreissen und glauben, dass sie greifbar und wirklich sind und dass sie auf irgendeine absolute Kategorie von «gut» und «böse» oder «richtig» und «falsch» verweisen, so werden sie sich rapide vermehren und den Frieden unseres Geistes durcheinander bringen. Ein Beispiel: Ich stelle mir vor, dass ich etwas Wunderschönes zum Geburtstag geschenkt bekommen werde. Ein Prickeln überkommt mich und dieser Gedanke erzeugt eine Vielzahl von Gedankensplitter bezüglich eines Geschenkes, das allein in meiner Phantasie existiert. Diese wecken wiederum nur noch mehr Gedanken. Von den Emotionen zusammengehalten, türmen sich die Gedanken wie Clowns, die, auf den Schultern ihrer Partner stehend, eine Menschenpyramide bauen.

Solche Verflechtungen von Gedanken und Emotionen knüpfen das Gewebe unserer Alltagsexistenz. Unser Geist erschafft die Welt, in der wir leben. Er schmiedet die Gussformen für jene Angewohnheiten, Erwartungen und Wünsche, die wir dann als solide und existent angehen. Wir haben uns so an diese Schöpfung gewöhnt, dass wir meinen, sie überhaupt nicht mehr loslassen zu können und verbauen uns den Weg zu einfacher, direkter Erfahrung – unserem eigentlichen Wesen.

Die tiefe Entspannung und Offenheit der Meditation vermittelt uns eine andere Perspektive für unsere Gedanken und Wahrnehmungen. Die Meditation zeigt uns, dass wir uns ebensowenig an bestimmte Erfahrungen zu klammern brauchen, wie wir andere ablehnen müssen. Wir können unsere gesamte Erfahrung freudig annehmen, ganz gleich ob positiv oder negativ. Dieses freudige Annehmen mag uns eine tiefe Befriedigung vermitteln, eine frische und herzliche Würdigung unseres Seins. Indem wir in unserer Bewusstheit wie in unserem Leben das satte Gleichgewicht der Meditation reflektieren, lösen sich alle unsere persönlichen Probleme auf und machen zunehmend dem Grundgefühl des Vertrauens Platz. Ein neuer Geist erwacht und beglückt uns mit einem Gefühl der Leichtigkeit und der Ruhe, welches all unsere Aktivitäten wie ein feines Lachen durchdringt.

Selbstbeobachtung

Unter Selbstbeobachtung verstehen wir
die klarsichtige und zweckmässige Aktivierung
aller unserer Reserven und Fertigkeiten.

Der Buddha entwickelte die Übung der Selbstbeobachtung bei der Meditation und im Alltag bis zur Vollkommenheit. Als ein Meister des inneren Wissens erforschte der Erleuchtete gründlich alle Aspekte des Geistes. Er ging den Ursachen des Leidens auf den Grund und offenbarte den Weg, mit dessen Hilfe wir sie transzendieren und zu höchster Verwirklichung gelangen können. Seine Lehren weisen den Weg, uns wahrhaft selbst zu entdecken, und legen uns nahe, für uns selbst zu lernen, wie der Geist eigentlich arbeitet. Ein grösseres Wissen als dieses gibt es nicht.

Was finden wir nun vor, wenn wir uns tatsächlich auf einen solchen Pfad der direkten Beobachtung begeben? Als erstes entdekken wir eine chaotische innere Welt von Gedanken, Vorstellungen, Bildern und Emotionen: Wir sehen einen endlosen Kreislauf der inneren Interpretationen, Spekulationen und Diskussionen. Die Gedanken jagen einander in schneller Folge und halten uns mit der Macht der Gefühle und Emotionen, die sie hervorrufen, fest im Griff. Wahrscheinlich werden wir auf diese Art und Weise allmählich ein allumfassendes Netz von Verwirrung und Unzufriedenheit offenlegen, eine scheinbar unentwirrbare Verflechtung von Zwanghaftigkeit und Gewöhnung. Und selbst nachdem wir uns dieser Abläufe bewusst geworden sind, setzt sich der Sturzbach der Gedanken und der von ihnen getragenen Gewohnheiten immer noch scheinbar pausenlos fort.

Schauen wir dann noch ein wenig tiefer in unsere Erfahrung hinein, entdecken wir, dass diese permanente Geschäftigkeit weder unsere Probleme löst noch unsere Bedürfnisse befriedigt. Im Gegenteil, je mehr wir in unsere Gedanken und Emotionen versponnen sind, desto mehr Energie verlieren wir und desto weiter werden wir von echtem Wissen und wirklicher Einsicht weggeführt. Wir mögen uns an dieser Stelle fragen, wie es überhaupt dazu kommt, dass diese Muster und Verhaltensstrukturen eine so grosse Macht über uns haben können. Welche Instanz kann den Sturzbach der Gedanken kontrollieren? Wer ist für den Fortbestand unserer Gewohnheiten verantwortlich? Wenn sich in unserem Geist tatsächlich nur Schmerz und Verwirrung breitgemacht haben, warum nehmen wir diesen Zustand dann widerspruchslos hin?!

Wir werden nicht unbedingt sofort eine Antwort auf diese Fragen finden. Den Geist durch die Wolken seiner Geschäftigkeit klar zu sehen, mag ebenso beschwerlich sein, wie in schlammgetrübtem Wasser mit der Hand einen Fisch zu fangen. Deswegen müssen wir mit einem gewissen Fingerspitzengefühl an die Erforschung des Geistes gehen und uns beharrlich bemühen, ihn zu verstehen. Begehren wir ungeduldig nach einer Antwort und fordern gar, dass sich unsere Situation mit einem Schlag verbessern soll, werden wir den Versuch, zur Selbsterkenntnis zu gelangen, untergraben und keinen direkten Zugang finden können. Solche hastigen Schritte werden die Bewusstheit nicht entwickeln helfen, denn sie räumen der Meditation keinen Platz ein, an dem sie wirklich Wurzeln schlagen könnte. Wenn wir verspannt und frustriert sind, entspannen wir uns am besten einfach, vergessen all unsere Fragen und Probleme und konzentrieren uns auf unsere unmittelbare Erfahrung.

Wir dürfen nicht gleich die Flinte ins Korn werfen, auch wenn unsere ersten Versuche der Selbstbeobachtung durch Meditation entmutigend und enttäuschend ausgehen sollten. Eine initmere Bekanntschaft mit den geistigen Mustern und dem von ihnen ausgelösten Leiden wird die Bereitschaft, uns zu verändern, fördern. Werden wir der negativen Eigenschaften, die wir nun einmal haben, tatsächlich gewahr, werden wir gleichzeitig beginnen, die Fähigkeit des Geistes zu würdigen, unsere Erfahrung zu bereichern und transparenter zu machen. Die Meditation kann uns befähigen, die Heilkraft des Geistes zu erschliessen und jene Denk- und Verhaltensstrukturen, die uns unserer Energien berauben, in befreiendes Wachstum zu transformieren.

Allerdings reicht es nicht aus, über das Potential des Geistes nur nachzudenken. Da der Intellekt auf sich allein gestellt nicht die Kraft besitzt, unsere Probleme zu lösen, würden wir mit einem solchen Ansatz nicht die geringste Veränderung bewirken. Selbstbeobachtung ist deswegen nicht bloss ein Prozess introspektiven Analysierens und Interpretierens, sondern vielmehr eine klarsichtige und zweckmässige Aktivierung aller unserer Reserven und Begabungen.

Sie werden Ihr Potential nur dann erschöpfend weiterentwickeln können, wenn Ihre ganze Aufmerksamkeit nicht nur die Zeiten formalen Meditierens, sondern alle Ihre Aktivitäten begleitet und durchdringt. Was auch immer zu tun ist, Sie können daraus lernen. Was immer Sie auch tun, achten Sie darauf, wie Sie sich dabei fühlen. Was immer Sie gerade erfahren mögen, bleiben Sie mit Ihren Gedanken und Ihrer inneren Seelenlandschaft unmittelbar in Kontakt.

Anfänglich werden Sie sich bei dieser Übung ab und zu selbst ermahnen müssen, mit Ihrer unmittelbaren Erfahrung in Berührung zu bleiben. Die Beobachtung wird Ihnen dann wahrscheinlich zu gezwungen vorkommen. Erwarten Sie nicht zuviel. Reservieren Sie sich mehrmals täglich ein paar Minuten für die simple Frage: «Was ist eigentlich los?» Mit zunehmender Geübtheit werden Sie sich im Alltag besser beobachten und diese Frage häufiger stellen können. Körper, Geist und Bewusstheit werden nach und nach in allen Ihren Handlungen lebendig und reibungslos zusammenwirken. Sie beobachten sich ganz mühelos im Geschehen, ohne irgendwelche Urteile zu fällen. Die Selbstbeobachtung vollzieht sich wie ein sanfter Hauch, der den Fluss des Geistes nicht unterbricht.

Setzen Sie Ihre Selbstbeobachtung ganz spielerisch ein, um sie zu vertiefen. Überlegen Sie sich zum Beispiel einmal, welche Worte Sie jeden Tag besonders häufig benutzen. Etwa: «Jawohl.» Oder: «Hallo!» Benutzen Sie an ihrer Stelle dann für ein oder zwei Tage ein anderes Wort. Beobachten Sie sorgfältig, wie Sie darauf reagieren. Lassen Sie sich frustrieren und geben auf? Verkrampfen Sie sich, wenn Ihnen das gewohnte Wort doch über die Lippen schlüpft? Kommen Ihnen nach einem solchen Missgriff Gedanken wie: «Ich bin ein Versager; ich werde es nie zu viel bringen...»?

Unterstützt von derlei kleinen Übungen kann uns die spielerische und doch beharrliche Selbstbeobachtung eine Menge über uns lehren. Tatsächlich können Sie nun selbst sehen, wie eng Körper und Geist miteinander verbunden sind: eine Veränderung des einen bewirkt eine Veränderung des anderen und umgekehrt. Vielleicht können Sie den Zusammenhang feststellen zwischen bestimmten Gedanken und bestimmten Körperempfindungen beziehungsweise -gefühlen. Auch werden Sie unterscheiden lernen, welche Situationen und Umstände besonders heftige Emotionen in Ihnen aufwirbeln und Sie zwingen, sich auf eine ganz bestimmte Art und Weise zu verhalten.

Kehren Sie allerdings jedes Mal, nachdem Sie etwas Neues entdeckt oder eine besondere Einsicht gewonnen haben, wieder zur unmittelbaren Beobachtung zurück, bis es nichts mehr zu erklären und zu interpretieren gibt. Einsichten sind wie glitzernde und vielfarbige Kiesel am Meeresstrand: wir möchten sie einsammeln und mit uns nach Hause nehmen. Wir stecken zuerst einen, dann noch einen und schliesslich immer mehr in unsere Taschen, bis sie so voll sind, dass sie uns am Weitergehen hindern. Leeren Sie Ihre Taschen! Lassen Sie die Einsichten im Moment ihres Aufblitzens einfach los, auch wenn sie noch so wertvoll zu sein scheinen, und öffnen Sie sich einer umfassenden Schau, deren Bedeutung von keinem Begriffsrahmen abhängig ist.

Sollte es dazu kommen, dass Sie in sich eine unangenehme Eigenschaft aufdecken, wie Angst, Hass oder Selbstsucht, versuchen Sie ja nicht, diese zu vermeiden und von sich wegzuschieben. Mit einer Emotion, die Sie von sich wegschieben, passiert nicht viel anderes als mit einem gegen eine Mauer geworfenen Gummiball: je kräftiger der Wurf, desto vehementer prallt er zurück. Je energischer Sie also eine Emotion verwerfen, desto hartnäckiger wird sie Sie begleiten.

Es hilft aber ebensowenig, an einer negativen Emotion festzuhalten. Natürlich würden Sie auch damit nur ihren Bestand garantieren. Wenn Sie sich zum Beispiel unaufhörlich einreden, was für ein wertloses Subjekt Sie sind, werden Sie sich den negativen Konsequenzen dieses Lebensgefühls nicht entziehen können. Erkennen Sie solche negativen Energien in sich einfach an und lassen Sie sie links liegen. Gehen Sie weder fasziniert darauf zu noch scheuen Sie ängstlich davor zurück. Nehmen Sie die sich aufdrängenden Werturteile zwar zur Kenntnis, ohne sich allerdings in ihren Inhalten zu verheddern. Bleiben Sie in Ihrer unmittelbaren Erfahrung zentriert, und Sie werden schliesslich alle diese Selbstbilder transzendieren, auch wenn sie anfänglich noch so negativ erscheinen.

Wann immer Sie sich aus dem Gleichgewicht geworfen fühlen oder in Ihnen der innere Tumult losbricht, wechseln Sie einfach die Perspektive. Stellen Sie sich vor, dass Ihre Probleme ein winziger Fleck in der Weite des Himmels über Ihnen sind. Konzentrieren Sie Ihr Bewusstsein auf diesen Punkt – dazu die Bewusstheit, dass Sie selbst es sind, der diese Übung ausführt – und lassen Sie gleichzeitig zu, dass sich in alle Richtungen unter Ihnen ein besonders inniges Wissen ausbreitet, das Land und den Himmel durchdringend, die den Punkt Ihres Bewusstseins umgeben. Versuchen Sie herauszufinden, ob diese Übung Ihren Schwierigkeiten die Spitze nimmt. Eine erweiterte Perspektive zu gewinnen, heisst eigentlich nichts anderes, als in einem stickigen Zimmer die Fenster aufzureissen: Es entsteht eine ganz neue Atmosphäre, und der frische Luftzug trägt Alternativen zu unseren gewohnheitsmässigen Reaktionsweisen an uns heran.

Wir können selbst auf unsere tiefsten Fragen eine Antwort erhalten, wenn wir uns bei der Meditation und im Alltag genauestens selbst beobachten. Wir können entdecken, wer wir sind und was wir auf dieser Erde zu schaffen haben. Und schliesslich mögen wir sogar mit einem *Wissenskörper* in Fühlung kommen, der so unendlich ist, dass er alles umfasst.

Die Emotionen und das Gleichgewicht

Wenn wir still dasitzen und unsere Emotionen beobachten, ohne an ihnen zu haften, werden wir ganz von selbst ruhig und gelassen.

Es hängt von unserem inneren Gleichgewicht ab, ob wir unserem Dasein so natürlich und lebenssprühend begegnen können, dass uns daraus Freude, Begeisterung und Vitalität zuströmen. Sind wir ausgeglichen, manifestieren sich wie von selbst positive Qualitäten, und wir gehen harmonisch mit unserer Erfahrung mit, was immer sie auch bringen mag. Aber manchmal verlieren wir unser Gleichgewicht, so dass die Emotionen unsere Wahrnehmung überschatten. Angst und Depression verdüstern unser eigentlich leuchtendes und positives Lebensgefühl und wir können keiner Sache etwas abgewinnen oder irgendeine Erfüllung finden.

Nach einer ernsthaften körperlichen Verletzung rät man uns stets zur Ruhe, denn jede Bewegung und Aufregung könnten die Verletzung ja noch verschlimmern. In ähnlicher Weise haben wir bei der Lösung eines Problems immer dann grosse Schwierigkeiten, wenn wir mittendrin hektisch und emotional werden. Gelingt es uns jedoch, ein wenig Abstand zu gewinnen und die Situation von allen Seiten zu betrachten (einschliesslich des ersten Aufflackerns unserer Emotionalität), dann werden wir das Problem leichter bewältigen und für die Zukunft etwas Wertvolles dazulernen.

Solange wir aber noch nicht mit den Funktionsmechanismen unserer Emotionen vertraut sind, ist es ausnehmend schwierig, eine Emotion zu bemerken und aufzufangen, bevor sie unser Verhalten in der betreffenden Situation diktiert. Wir lernen unsere Emotionen also zumeist nur durch ihre Wirkungen kennen: wütende Antworten; Tränen; oder die Sehnsucht nach einem geliebten Menschen. Eine intimere Bekanntschaft mit unseren Verhaltensmustern lehrt uns, schon die ersten Anzeichen eines emotionalen Ausbruchs zu erkennen: Ein sich zusammenkrampfendes Gefühl der Erregtheit im Bauch, das langsam auch die Brust erfasst, das Herz, manchmal gar die Kehle zuschnürt. Schaffen wir es nicht, die Stossrichtung der Energie an irgendeinem Punkt dieses Prozesses aufzuheben, so wird fast unmittelbar eine emotionale Entladung erfolgen.

Schaffen wir es jedoch, uns zu entspannen, bevor die oben angedeuteten Körpersignale in eine Emotion umschlagen, löst sich auch der Knoten in unserem Herzen. Um wirklich Ruhe und Gelassenheit zu erlangen, brauchen wir im gegenwärtigen Augenblick nur bewusst dazusein, ohne Zukunftsängste und ohne uns mit der Vergangenheit auseinanderzusetzen. Wir können dies in jeder Situation tun, indem wir einfach *drinbleiben* und die Erfahrung geschehen lassen. Dies ist eine sehr wirksame Methode. Dazu gehört allerdings, dass wir unsere Erwartungen und Vorstellungen loslassen, sonst werden die Emotionen unser Tun vollends steuern.

Nachdem eine Emotion einmal an die Oberfläche getreten ist, haben wir zwei Möglichkeiten. Zum einen können wir sie nach aussen tragen, indem wir irgend jemanden oder irgend etwas dafür verantwortlich machen, wie wir uns gerade fühlen. Damit verstärken und eskalieren wir allerdings die negativen Gefühle. Die zweite Möglichkeit ist, direkt in die Emotion hineinzugehen, *die Emotion zu werden*, sie zu entdecken, sie in allen Einzelheiten zu fühlen und ganz ruhig anzuschauen, wie sie sich darbietet. Beobachten Sie sorgfältig, *wie* die Emotion in Erscheinung tritt, anstatt sich zu fragen, *warum*. Anstatt die Emotion von sich wegzuschieben und zu verdrängen, freunden Sie sich besser mit ihr an. Wenn Sie genau hinschauen, ohne sich in den Strudel hineinziehen zu lassen, werden Sie bemerken, dass sich diese Emotion kurz in Ihrem Körper und Geist manifestiert, nur um sich sofort wieder in reine Energie aufzulösen.

Gelassenheit wird sich ganz von selbst einstellen, wenn wir still dasitzen und unsere Emotionen beobachten, ohne an ihnen zu haften. Andere Übungsanweisungen erübrigen sich. Aufgewühlte und rastlose Gefühle sind wie schlammiges Wasser. Zur Ruhe gekommen, wird es still, klar und transparent. Wenn sich unsere emotional bedingten Reaktionen ganz natürlich legen, werden Körper und Geist Frieden und Gleichgewicht finden.

Wenn wir uns einer solchen Veränderung entgegenstemmen, bedeutet das, dass wir die Emotion in Körper, Atem und Geist festhalten. Ein tieferer Einblick in diese emotionale Verspanntheit enthüllt dann einen seltsamen Widerspruch: Wir wollen zwar nicht leiden, scheinen aber unfähig, unser Unglücklichsein einfach aufzugeben. Wir halten sogar an den negativen emotionalen Reaktionen fest, ganz einfach weil unsere emotionalen Bedürfnisse und Fixierungen zäh und widerstandskräftig sind. Sie stellen einen grossen Teil unserer Identität dar. Es mag erschreckend und verwirrend sein, sie einfach loszulassen, denn ohne diese altbekannten Begleiter wissen wir vielleicht nicht einmal mehr, wer wir eigentlich sind.

Diese direkte Bearbeitung der Emotionen ist nicht unbedingt ein Honigschlecken, und es mag verführerisch sein, sich einen Ort vorzustellen, an dem es solche Probleme gar nicht gibt. *Ihr Leben findet jedoch hier und in diesem Augenblick statt.* Diese Gelegenheit sollten Sie nicht verpassen, denn Sie werden sie nicht zurückholen können. Verschleissen Sie Ihre wertvolle Energie immer wieder mit Emotionen und Selbsttäuschungen, so werden Sie am Ende Ihres Lebens feststellen müssen, dass Sie niemals zu den tieferen Aspekten Ihrer Erfahrung gelangt sind. Machen Sie deswegen jetzt von Körper, Geist, Energie und Bewusstheit den vollen Gebrauch, anstatt Ihre Zeit zu vertun und Gefangener Ihrer Emotionen zu sein. Sie sind in jeder Situation dazu in der Lage.

Je mehr Sie die Verantwortung für Ihre Gefühle und Emotionen übernehmen und mit ihnen arbeiten (nicht nur gelegentlich, sondern Augenblick für Augenblick, in jeder Situation) desto ausgeglichener und gesünder werden Sie sich fühlen. Wenn dann eine Emotion auftaucht, wird sie nur kurze Zeit anhalten, und Sie werden fast schlagartig daraus erwachen. Sie werden so reaktionsschnell wie eine Tänzerin sein, die sich in jahrelangem Training geübt hat: Selbst wenn sie gelegentlich noch stolpert oder hinfällt, sie wird ihr Gleichgewicht sofort wiedererlangen, und jede ihrer Bewegungen wird wie ein integrierter Teil ihres Tanzes wirken.

Durchhalten

Seien Sie sich bewusst:
Auch die problematischste Erfahrung
ist ein Teil jener Wahrheit,
nach der Sie suchen.

Es gibt so viele Gründe, sich im *Dharma* zu schulen und einen Weg der Meditation zu beschreiten, wie es Menschen gibt, die den Entschluss fassen, dem Pfad zu folgen. Vielleicht motivieren uns die zahlreichen Früchte der spirituellen Praxis: Gesundheit, erfüllende zwischenmenschliche Beziehungen, Freiheit und Zufriedenheit. Das Leiden anderer mag uns einen weiteren starken Anstoss zur spirituellen Praxis geben: Wir entschliessen uns, einem geistigen Schulungsweg zu folgen, weil wir sehen, wie viel psychisches und physisches Leid es für die anderen gibt, und deswegen wollen wir die Methoden und Wege kennenlernen, dieses Leid zu mildern.

Neben dem Streben nach Glück und dem Wunsch, anderen zu helfen, gibt es jedoch noch einen zwingenderen Grund: In allen Kulturen und Zivilisationen, die uns aus der Geschichte bekannt sind, haben die Menschen danach getrachtet, den Sinn des Lebens zu erforschen. Dieser Drang, zu lernen und zu entdecken, bildet die mächtigste Motivation für den spirituellen Pfad – den Weg zur Selbsterkenntnis.

Am Anfang dieser Suche werden wir wahrscheinlich bloss

eine Menge Fragen haben und andere Menschen näher betrachten, um herauszubekommen, was sie wissen, und schauen, ob sie irgend etwas anzubieten haben, das uns helfen könnte, die Dinge plausibel zu erklären. Wir werden allerdings schon bald entdecken, dass dieses Sich-Umschauen nur begrenzt hilfreich ist. Zwar mögen wir von anderen nützliche Ratschläge bekommen, zu wirklicher Gewissheit können wir jedoch nur durch eigene Erfahrung, über den Prozess des Sich-selbst-Erkennens, gelangen.

Die Meditation gibt uns den Schlüssel in die Hand, mit dem wir die Geheimnisse unseres Geistes aufschliessen können, und stellt uns die Mittel zur Verfügung, menschliches Leid zu erleichtern. Das klingt recht vielversprechend, ist doch alle Inspiration, die wir jemals brauchen werden, schon in dem Gedanken enthalten, dass unsere Praxis uns Lebensglück und Verständnisbereitschaft schenken wird.

Wenn wir gerade zu meditieren beginnen, ist diese Art von Motivation allerdings noch durch keine Herausforderung auf die Probe gestellt worden. Sie ist hauptsächlich eine Idee und als solche lässt sie sich vertreten, ohne dass man sich deswegen gross anstrengen müsste. Nachdem wir dann jedoch über einen gewissen Zeitraum regelmässig meditiert haben, melden sich vielleicht die ersten Zweifel. Konflikte und Enttäuschungen lassen sich nicht mehr verleugnen. Dann muss unsere Motivation zu einer tieferen Ebene vorstossen, auf der wir nicht bloss die besten Absichten verfolgen, sondern tatsächlich etwas dafür tun.

Viele Praktizierende machen die Entdeckung, dass die Anfangsgründe der Meditation zuerst einmal jene Tendenzen und Charaktereigenschaften verstärken, die sonst schamvoll verdeckt bleiben: Sie werden sich ihrer inneren Widerstände, wie Wut, Langeweile und anderer negativer Angewohnheiten bewusst. Wenn diese Gefühle beim Meditieren hochkommen, werden wir vielleicht am tatsächlichen Nutzen der Meditation zweifeln. Vielleicht langweilen wir uns auch und können beim Meditieren kaum wachbleiben. Oder wir reden uns ein, dass wir unbedingt etwas anderes zu tun hätten. Möglicherweise hören wir für Wochen oder

Monate sogar ganz auf. Obwohl wir uns intellektuell über den Wert der Meditation im klaren sind, können wir uns doch nicht des Eindrucks erwehren, dass sie sich mit den anderen Bereichen unseres Lebens offenbar gar nicht gut verträgt. Wir werden zum Beispiel oft vor der Wahl stehen zwischen dem Üben einerseits und Unterhaltung und geselligen Kontakten andererseits. Das grösste Hindernis auf unserem Weg zu geistigem Fortschritt ist aber vielleicht das Gefühl, dass wir aufgrund dieses Zwiespalts meinen, nicht für das Meditieren geeignet zu sein.

Es gibt kaum jemanden, der zu Anfang seines Übungswegs keiner solchen oder ähnlichen Schwierigkeit begegnet. Und doch ist es gerade zu diesem Zeitpunkt wichtig, einfach durchzuhalten und weiterzumachen. Lesen Sie Bücher, die Ihnen helfen können, zu einem tieferen Verständnis Ihrer Praxis zu gelangen. Ermutigen Sie sich, Ihr Leben und Ihre Meditation mit frischen Augen zu sehen. Halten Sie an Ihrem Vorsatz fest und meditieren Sie weiter. Und vergessen Sie nicht, dass selbst die unangenehmsten Erfahrungen noch Teil jener Wahrheit sind, die Sie anstreben. Anstatt Ihre Augen zu verschliessen und davonzulaufen, sollten Sie tiefer in solche Erfahrungen hineinschauen und versuchen, die Wahrheit zu begreifen, die sich Ihnen offenbaren will. Nehmen Sie sich die Zeit und geben Sie sich den Raum, das Geschehen voll und ganz wahrzunehmen und zu würdigen. Die grosse Ruhe und Klarheit muss sich nicht unbedingt mit einem Mal einstellen, und wenn sie dann kommt, währt sie vielleicht nur kurze Zeit. Solange Sie jedoch die Geduld nicht verlieren und Ihren Vorsätzen treu bleiben, werden sich Ruhe und Klarheit schliesslich wie von selbst einstellen.

Auch nachdem Sie für einige Zeit regelmässig geübt haben und relativ mühelos meditieren, werden Sie sich dann und wann wie betäubt, schwerfällig und gelangweilt vorkommen. Meditieren Sie also mit einer gewissen Leichtigkeit (doch gleichzeitig kraftvoll und energisch), um solche Stimmungen umzuwandeln. Lassen Sie sich von Ihrer Intelligenz leiten und entspannen Sie sich so vollkommen wie möglich. Halten Sie sich nicht mit der Bewertung Ihrer Meditation und der Einordnung Ihrer Erfahrung auf.

Wenn Sie auf ernsthafte Widerstände stossen, mag ein Gespräch mit einem Lehrer oder erfahrenen Freunden hilfreich sein. Ein guter Lehrer wird Sie wirklich kennen und in der Lage sein, Ihnen die Hinweise zu geben, die für das Stadium Ihrer spirituellen Entwicklung angemessen sind. Da er auf seinem Weg mit ähnlichen Erfahrungen konfrontiert worden ist, wird er in seinem Bemühen objektiv und sicher sein und sich auch nicht scheuen, Sie anzutreiben, wenn Ihre Motivation zu erschlaffen beginnt.

Von einem der Schüler Buddhas, einem Musiker, erzählt man sich die folgende Geschichte: Nach vielen, offensichtlich missglückten Meditationsversuchen fühlte sich dieser Schüler vollkommen frustriert und fragte den Buddha um Rat. «Wenn du schöne, wohlklingende Musik machen willst, schlägst du dein Instrument dann ganz *hart* an?» fragte der Buddha. «Natürlich nicht», antwortete der Schüler. «Dann spielst du vielleicht ganz zaghaft und *weich*?» «Nein, so nun auch wieder nicht. Man muss es eben im Gefühl haben: Nicht zu hart, nicht zu weich. Man muss die Mitte finden.» «Und so meditiert man auch am besten!» beendete der Buddha das kurze Gespräch.

In jedem Entwicklungsstadium ist es wichtig, mit einer gewissen Ausgewogenheit an die Praxis heranzugehen. Einerseits müssen Sie sich Mut zusprechen und anfeuern, andererseits sollten Sie aber auch nicht die Möglichkeit übersehen, dass sich Ihre Motivation qualitativ verändern kann. Wenn Sie mit Hingabe und Geduld üben, wird die Meditation zu einem integralen Bestandteil Ihres Lebens werden. Dann brauchen Sie sich nicht mehr anzustrengen. Die Meditation geht ganz natürlich auf: wie die Morgensonne …

Das Samsara und der Dharma

*Gerade die Vergänglichkeit all jener Dinge,
die Ihnen besonders viel bedeuten,
kann Sie anspornen, nach etwas Ausschau zu halten,
das Ihnen niemals mehr genommen werden kann.*

Was entdecken wir, wenn wir unser tägliches Leben einmal ganz ehrlich betrachten? – Jede Erfahrung ist vergänglich. Was wir auch denken oder tun, wir werden mit der Zeit älter, verlieren unsere Vitalität und Gesundheit und müssen schliesslich sterben. Daran vermögen wir so wenig zu ändern, wie wir die Sonne am Scheinen oder die Jahreszeiten hindern können, ihrem altehrwürdigen Zyklus zu folgen. Und doch fällt es uns schwer, diese Wahrheit zu akzeptieren.

Wir gehen rastlos von Erfahrung zu Erfahrung weiter und versuchen immer wieder, um das Leiden einen Bogen zu machen. Aber selbst in all ihrer Neuheit und Frische sind auch die angenehmsten Gefühle noch unbeständig. Auf jede Freude folgt zwangsläufig Enttäuschung. Der kostbare neue Besitz verliert allmählich seinen Glanz. Die zunächst so aufregend neue Liebesbeziehung versauert, wenn wir nach und nach mit den weniger schmeichelhaften Wesenszügen unseres Partners vertraut werden. Selbst unsere Kinder, auf die wir doch alle unsere Hoffnungen setzen, enttäuschen unsere hochgeschraubten Erwartungen.

In der Hoffnung, unsere Probleme würden dadurch gelöst,

legen wir es vielleicht darauf an, zu Reichtum und Erfolg zu kommen. So werden wir in Projekte und Emotionen verwickelt, die nicht nur unsere Zeit sondern auch unsere Energie verschleissen. Trotz aller Bemühungen lassen sich unsere Vorstellungen, so phantasie- und farbenvoll wir sie uns auch ausgemalt haben, nur selten ganz verwirklichen. Selbst wenn wir nach manchem Opfer unser Ziel endlich erreichen, scheint immer noch etwas zu fehlen.

Schliesslich sehen wir klar und deutlich, dass unser Leben weder für uns selbst noch für die übrige Welt wirklich nützlich und produktiv ist. Wie ein Traumtier in der Wüste rasen wir einer Fata Morgana hinterher. Je mehr wir rennen, desto heisser wird uns. Je ausgetrockneter und erschöpfter unsere Energien sind, desto leibhaftiger und lebensvoller erscheint uns die Fata Morgana. Das Rennen selbst steigert unsere Gier.

Der Trieb nach Reichtum und Erfolg führt uns in die Irre, weil wir am falschen Ort nach den Antworten suchen. Indem wir wie gebannt in die Zukunft starren und alle unsere Hoffnung auf unsere schönen Träume setzen, verlieren wir viel von dem unmittelbaren Wert unseres Lebens. Wir fallen der Idee des Brauchens und Habenwollens zum Opfer und gehen des feinen inneren Gleichgewichts verlustig, der eigentlichen Quelle unserer Energien und Zufriedenheit.

Es ist eben unmöglich, das *Samsara,* unsere gewöhnliche Existenz, in eine verlässliche und auf Dauer befriedigende Ordnung zu bringen. Solange wir im *Samsara* gefangen sind, werden wir auch dem Kreislauf von Hoffnung und Besorgnis, Freude und Enttäuschung, Vergnügen und Schmerz unterliegen. Dies einzugestehen fällt uns häufig furchtbar schwer. «Irgendwann wird es schon besser werden!» sagen wir uns und vertagen damit jeden Versuch, eine wirklich fundamentale Veränderung herbeizuführen. Ein anderes Mal versinken wir tief in unserem Pessimismus: «Ich kann ja doch nichts ändern, warum soll ich mich überhaupt nutzlos anstrengen?»

Die samsarische Existenz mag uns in der Tat ganz hoffnungslos vorkommen. Wohin können wir uns denn wenden, ohne dass uns das Unglück auf dem Fusse folgt wie ein Schatten? Und doch verspielen wir eine unschätzbare Gelegenheit, wenn wir in solchen Augenblicken den Mut verlieren und enttäuscht aufgeben.

Die buddhistischen Lehren, der sogenannte *Dharma*, klären uns darüber auf, dass das Verstehen des hoffnungs- und aussichtslosen *Samsara* bereits das Einschwenken auf den Weg zum *Nirvana*, oder der Erlösung von allem Leiden, bedeutet. Dieser Pfad führt uns mitten in das Herz des *Samsara* und lehrt uns, es in den Frieden des *Nirvana* zu transformieren. Halten wir uns an den *Dharma*, dann stellen unser Selbstbild, unsere Wünsche und negativen Angewohnheiten all die Energien bereit, die unser spirituelles Wachstum beschleunigen. Jeder Aspekt, jede Lebenssituation wird nun zu einem Prozess, der sich nicht mehr von unserer Schulung, unserem Lernen und unserem Verstehen isolieren lässt. Die Lehren sind ein stiller Gesang. Wie ein Faden durchziehen sie jeden Augenblick unseres Daseins und führen uns zu grösserem Wissen und zum Erwachen.

Sprechen Sie sich also Mut zu, den *Dharma* zu studieren und seine Weisheit im Alltag anzuwenden. Machen Sie jeden Tag vom Augenblick des Aufwachens an – ja sogar im Schlaf – jede Sinnesempfindung und jeden Gedanken zu Ihrer spirituellen Praxis.

Sie können mit den Lehren auch noch auf einer anderen Ebene als der der Worte in Berührung kommen: Sie können sie sich im Verlauf der Alltagserfahrung erschliessen. Ihre Frustration kann Sie in eine Entwicklung hineinstossen, allen Schmerz und alle Widersprüche zu beruhigen und auszugleichen. Gerade die Vergänglichkeit all jener Dinge, die Ihnen besonders viel bedeuten, kann Sie dazu anspornen, nach etwas Ausschau zu halten, das Ihnen niemals mehr genommen werden kann. Haben sich die Lehren für Sie einmal als eine solche richtunggebende Kraft erwiesen, werden Sie sich nicht länger nach Befriedigung verzehren müssen: Sie werden in Ihrem eigenen Herzen finden, was Sie brauchen.

Nach aussen hin werden Sie vielleicht immer noch dasselbe Leben führen, so aussehen wie früher, sich in derselben Weise kleiden. Und doch ist der Unterschied in Ihrer inneren Erfahrung und in Ihrer Beziehung zur Welt und den Mitmenschen gewaltig. Ihre Empfindungen, Gefühle und Einstellungen bekommen einen feineren Schliff und sind gleichzeitig beständiger. Daraus erwächst ein Gefühl der Befriedigung und des Glücks wie auch die Sicherheit, dass Sie die richtige Richtung eingeschlagen haben. Selbst wenn Ihnen noch manch Erschreckendes und Enttäuschendes zustossen sollte, wird dies Ihr inneres Gleichgewicht und Vertrauen nicht erschüttern können. Sie sehen in jeder Erfahrung die Wahrheit des *Dharma*. Ja, vielleicht stellen Sie sogar fest, dass das *Samsara* und der *Dharma* so untrennbar sind wie die beiden Seiten einer Münze, und dass der Weg vom Leiden zur Aufhebung des Leidens nicht unbedingt langwierig und beschwerlich sein muss: Das *Nirvana* beginnt in dem Augenblick, in dem Sie sich entschliessen, das *Samsara* vollkommen loszulassen.

2

Die Bewusstheit vertiefen

Die Schönheit in jedem Gedanken und jedem Gefühl ist eine Quelle der Gewissheit, des Schutzes und der Kraft. Die Begrenzungen, die wir uns selbst auferlegt haben, fallen im Angesicht der grenzenlosen Befähigung und Intelligenz dieser tieferen Bewusstheit einfach weg. Im Raum unseres tieferen Geistes ist alles vollendet. Aller offensichtlichen Komplikationen unseres Lebens zum Trotz ist hier zu sehen, dass Frieden die eigentliche Essenz des Bewusstseins ist.

Faulheit

Faulheit und Tatkraft sind uns allen von Geburt an mitgegeben. Wir haben die Wahl, welche dieser beiden Eigenschaften wir in unserem Leben pflegen wollen.

Der Geist der Faulheit wird sich immer ganz im Vertrauen an Sie wenden und Sie beraten, wie nur ein guter Freund es vermag. Er raunt Ihnen ins Ohr und lockt mit Glück und Befriedigung, die Sie nicht die geringste Mühe kosten. Allerdings wird er Ihnen niemals verraten, dass Sie zuerst alles, was einen echten und dauerhaften Wert besitzt, aufgeben müssen, bevor er Ihnen das, was er zu bieten hat, überreichen wird. Die folgende Geschichte wird dies illustrieren:

Lelo Sempa und Tsondrü Nyidpa waren zwei Brüder, die vor nicht allzu langer Zeit irgendwo in Tibet lebten. Als für sie der Tag gekommen war, in die Welt hinauszuziehen und ihr Glück zu versuchen, machten sie sich gemeinsam auf den Weg. Lelo, der ältere von den beiden, war sehr wortgewandt und konnte mit Hilfe dieses Talents häufig seinen Willen durchsetzen. Tsondrü hingegen, obwohl geistig nicht so beweglich, war kräftig und gutmütig und gewillt, für die Verwirklichung seiner Ziele hart zu arbeiten.

Auf ihrer Wanderschaft gingen die Brüder oft viele Meilen schweigend nebeneinander her. Während dieser Zeit entwickelte

Tsondrü die Strategie, mit deren Hilfe er sein Ziel zu verwirklichen gedachte: Er würde sich in einer Grossstadt eine Arbeit suchen und genug Geld sparen, damit er später ein eigenes Geschäft einrichten könne. Lelo hingegen verbrachte diese Stunden des Schweigens mit süssen Träumen von dem bevorstehenden guten Leben: ein Leben des Reichtums und der Annehmlichkeiten und vieler, vieler treuer Freunde. Und wenn er nicht gerade in seine Zukunftsträume eingesponnen war, schwelgte er viele Meilen lang in den Erinnerungen an die glücklichen Stunden der Vergangenheit. Bei ihrem Gedankenaustausch legte Tsondrü Lelo seine Pläne dar, und Lelo gab Tsondrü gute Ratschläge, wie sich diese Ziele am besten verwirklichen liessen.

Tsondrü war begeisterungsfähig und willens, immer das zu tun, was gerade notwendig war. Jeden Abend, wenn sie ihr Nachtlager aufschlugen, sammelte Tsondrü das Brennholz und kochte die Abendmahlzeit, während Lelo sich auf die Erteilung guter Ratschläge beschränkte: «Leg' doch das Anmachholz näher zusammen. Das Feuer wird dann besser brennen und unser Reis schneller gar.» Lelos Empfehlungen waren sehr nützlich. So bemerkte Tsondrü niemals, dass sie der einzige Beitrag waren, den Lelo jemals leistete.

Lelo entging Tsondrüs Fleiss und Bereitwilligkeit natürlich keineswegs, und allmählich dämmerte ihm, dass eine Verbindung mit Tsondrü leicht die Verwirklichung seines Traumes von Reichtum und Annehmlichkeit garantieren könnte. Eines Tages machte er Tsondrü also folgenden Vorschlag: «Bruder, wir sollten in der Stadt Geschäftspartner werden. Wenn wir zusammenbleiben, ist uns der Erfolg sicher.» Tsondrü dachte im weiteren Verlauf ihres Weges darüber nach, bis er schliesslich antwortete: «Du bist schlau und hast einen gesunden Menschenverstand. Ich glaube, es ist klug, wenn ich mich für eine Zusammenarbeit mit dir entscheide.» Damit war die Partnerschaft besiegelt.

Endlich kamen sie in Shigatse an, einer grossen tibetischen Stadt, die ganz von der Betriebsamkeit der vielen Menschen erfüllt war, welche dort ihren Geschäften nachgingen und ihren Lebensunterhalt verdienten. Sie entschlossen sich zu bleiben, und Tsondrüs erster Gedanke galt der Arbeit. «Lelo», ermahnte er seinen Bruder, «lass uns eine Anstellung finden, so dass wir schnell das Kapital für unseren eigenen Laden zusammensparen können.» Lelo erwiderte darauf nur, dass er mehr Zeit brauchen würde, um die Stadt besser kennenzulernen, und dass er alle Faktoren und Möglichkeiten in Betracht ziehen wolle, bevor er eine Arbeit annähme. Er führte aus, dass ein kluger Mann bei solchen Angelegenheiten wohlüberlegt und vorsichtig zu Werke ginge. Tsondrü machte sich also allein auf den Weg und hatte auch schnell eine Stelle gefunden. Im Glauben, dass Lelo auch bald eine Arbeit bekäme, verdiente er gern den Lebensunterhalt für seinen Bruder mit.

Lelos Witz und Umgänglichkeit hatten ihm innerhalb der kürzesten Frist viele Freunde gewonnen. Oft war das kleine Häuschen, das er sich mit seinem Bruder teilte, Tummelplatz einer munteren Gesellschaft. Das Bier floss in Strömen, und für spannende Unterhaltung war stets gesorgt. Tsondrü war ganz zufrieden, es machte ihm alles Spass. Ja, er bemerkte kaum, dass Lelo es ganz und gar aufgegeben hatte, sich nach irgendeiner Arbeit umzuschauen.

Tsondrü erledigte seine Arbeit gewissenhaft und machte sich in seiner Stellung sehr nützlich, so dass ihm sein Arbeitgeber gern mehr Verantwortung übertrug. Auch bekam er eine Gehaltserhöhung. Doch nach der Bezahlung der vielen Parties, die sein Bruder regelmässig ausrichtete, blieb zum Sparen gar nichts mehr übrig. Aus Monaten wurden Jahre, und Tsondrü hatte völlig vergessen, dass er eigentlich vorgehabt hatte, ein eigenes Geschäft aufzumachen.

Gelegentlich nahm der eine oder andere von Lelos Kumpanen Tsondrü vertrauensvoll beiseite und machte ihn vorsichtig darauf aufmerksam, dass Lelo doch so gut wie gar nichts zu ihrem Lebensunterhalt beisteuern würde. «Wird er überhaupt jemals eine Anstellung finden?» fragten sie. «Was hat er denn für Pläne? Es kommt mir so vor, als würde er seine Zeit nur mit Müssiggang totschlagen.»

Solche Fragen machten Tsondrü immer ein bisschen verlegen, doch nahm er seinen Bruder trotzdem standhaft in Schutz: «Lelo braucht eben noch ein wenig Zeit, um eine wirklich gute Position zu finden», antwortete er zumeist, «und ausserdem können wir uns ja wirklich nicht über einen Mangel an anregender Gesellschaft beklagen. Lelo *leistet also tatsächlich* seinen Beitrag.»

Trotzdem beschlichen Tsondrü natürlich nagende Zweifel, was ihn veranlasste, eines Tages zu seinem Bruder zu gehen und ihn ernsthaft zu fragen: «Lelo, ab und zu fragt mich der eine oder andere unserer Freunde, warum du nicht arbeitest. Kannst du mir erklären, warum?»

Lelo dachte einen Augenblick nach und antwortete schliesslich: «Brüderchen, warum hörst du bloss auf Leute, die nicht dein Bestes im Sinn haben! Das ist doch nur sinnloser Klatsch. Vielleicht sind sie ja auch auf unser glückliches Zusammenleben eifersüchtig. Vielleicht wollen dich diese Leute nur gegen mich aufbringen. Egal, welche Motive dahinterstecken, es hat keinen Zweck auf solch dummes Gerede zu achten. Du kannst deine Zeit sinnvoller nutzen und bessere Freunde kennenlernen. Mach' dir keine Sorgen und kümmere dich um wichtigere Angelegenheiten.»

Tsondrü war mit dieser Antwort zufrieden und liess die Sache auf sich beruhen. Allerdings kam sein Arbeitgeber nicht viel später in Schwierigkeiten und musste seinen Laden schliessen. Tsondrü stand plötzlich arbeitslos auf der Strasse. Es war erst Mittag, und um seine Lage zu überdenken, suchte er ein Teehaus auf. Als er eine Weile gedankenverloren dagesessen hatte, sprach ihn ein junger Mann an und fragte, ob er an seinem Tisch Platz nehmen könne. Tsondrü bejahte und erkundigte sich nach seinem Namen.

«Ich heisse Gewa Chökyi und bin soeben in Shigatse angekommen. Ich will bald eine Stelle finden, damit ich mir das Geld für einen kleinen Laden zusammensparen kann. Wissen Sie zufällig, wo ich hier in der Stadt am besten eine Arbeit bekomme?»

Die Augen des jungen Mannes leuchteten und verrieten einen energischen, zu Begeisterung und wirklicher Anteilnahme fähigen Charakter. Man konnte sehen, dass er sein Ziel bestimmt erreichen würde. Sein Eifer hob sich krass von der dumpfen Leere ab, die in Tsondrüs Herz schwelte.

Da kam Tsondrü zu Bewusstsein, dass er eine sehr kostbare Gelegenheit verspielt hatte. Wie der junge Gewa hatte auch er hochfliegende Pläne gehabt. Er hatte sich ebenfalls erträumt, eine selbständige Existenz zu gründen, bei seiner Arbeit Erfolg zu haben und ein zufriedenes Leben zu führen. Aber daraus war nichts geworden. Hier sass er nun, arbeitslos und nicht mehr gerade der Jüngste. Und ausser den Erinnerungen an die vielen Abendgesellschaften mit den Freunden, hatte er für sein ganzes Leben nichts vorzuweisen.

Je mehr Tsondrü über die Sache nachdachte, desto deutlicher sah er, dass der Grund dieses Leeregefühls bei Lelos Einfluss lag. Lelo hatte so viel versprochen, so viel geben wollen, aber stattdessen von Tsondrü immer nur genommen. Allmählich hatte er Tsondrüs ganze Energie und Zeit für sich beansprucht und den Lebensplan seines jüngeren Bruders zunichte gemacht.

Da wandte sich Tsondrü an Gewa und sagte: «Als ich so alt war wie du, bin ich auch hier in Shigatse angekommen und wollte mein Glück machen. Ich hatte ähnliche Pläne, aus denen jedoch nichts wurde, weil ich zu willfährig einem Leben der Bequemlichkeit nachgab. Heute habe ich nun meinen Arbeitsplatz verloren. Mein Leben ist wohl bereits zur Hälfte um, und ich habe noch keinen Pfennig gespart. Ich will dir einen guten Rat geben: Ich weiss nicht, wo du eine Arbeit finden kannst, aber gib dir Mühe, dass du bald eine Stelle bekommst. Und dann arbeite hart. Lass dich von niemandem beirren. Wenn sie dir sagen, du brauchtest mehr Freizeit oder du würdest zu hart arbeiten, höre nicht auf sie. Das sind keine guten Freunde. Höre stattdessen auf dein Herz, dein Ziel, und folge seinem Rat. Wenn du dann in mein Alter kommst, wirst du mehr als zufrieden sein. Du wirst ein reiches und erfülltes Leben führen, das dich stolz und zufrieden macht. Selbst wenn du dann die angehäuften materiellen Schätze wieder verlieren solltest, wird es dir weiterhin gut ergehen, denn die tiefe Befriedigung und Wertschätzung deines Lebens sind der wahre Reichtum.» Gewa Chökyi bedankte sich still bei Tsondrü, und der ältere Mann verliess das Teehaus.

Durch das Gespräch mit Gewa Chökyi hatte Tsondrü endlich auch über sein eigenes Leben wieder Klarheit gewonnen. Er wusste, was nun zu tun war. Zu Hause angekommen fand er seinen Bruder wie üblich im Kreise seiner Kumpane. Tsondrü kam jedoch gleich zur Sache: «Freunde, lasst uns jetzt bitte allein. Ich habe mit meinem Bruder etwas Vertrauliches zu besprechen.» «Kann das denn nicht noch bis morgen warten, Tsondrü? Wir sind gerade mitten in einer guten Geschichte und wollen das Ende nicht verpatzen.»

Tsondrü schüttelte nur mit dem Kopf: «Nein.» Jeder konnte dem Ton seiner Stimme entnehmen, dass es am besten war, zu gehen. Lelo schloss verschreckt die Tür hinter seinen Zechgenossen und fragte: «Was gibt es denn überhaupt so Wichtiges, dass es selbst vor unseren Freunden Vorrang hat?»

Tsondrü antwortete: «Zuerst einmal, Lelo, habe ich heute meine Stelle verloren. Wir haben also im Moment keinerlei Einkommen. Als ich dann über meine nächsten Schritte nachdachte, kam mir zu Bewusstsein, dass uns unser Leben eigentlich nichts gibt. Mir wurde klar, dass ich immer älter werde und doch so gut wie nichts getan habe, mein Lebensziel zu verwirklichen. Deswegen habe ich mich entschlossen, dich zu verlassen, in eine andere Stadt zu ziehen und einen neuen Anfang zu wagen. Ich bin entschlossen, meine Pläne in die Tat umzusetzen. Bevor ich nun gehe, möchte ich dir sagen, dass auch du dein Leben nicht länger verschwenden solltest. Du hast ein flinkes Mundwerk, das dir zwar viele Kumpanen, aber sonst nichts weiter eingebracht hat. Obwohl du älter bist als ich, bist du, was deinen Lebenswandel betrifft, von mir abhängig. Was gedenkst du nach meinem Fortgehen zu tun?»

Zum ersten Mal war Lelo um eine Antwort verlegen. Er flehte Tsondrü an, seine Entscheidung wieder rückgängig zu machen und dazubleiben, ohne dass Tsondrü darauf auch nur geantwortet hätte. Dann wurde er wütend. Er beschuldigte Tsondrü des Verrats, dass er ihn nun aus selbstsüchtigen Erwägungen im Stich liess. Als nächstes machte er Tsondrüs Arbeitgeber verantwortlich, der seinen Bruder umständehalber zu dieser unüberlegten Entscheidung getrieben habe. Was ihm auch sonst noch in den Kopf kommen mochte, Lelo gab allem und jedem die Schuld an der Situation, ohne jemals seine eigene Faulheit als die Wurzel des Übels zu erkennen.

Tsondrü verliess Shigatse und fand in einer anderen Stadt eine neue Heimat. Innerhalb von zwei Jahren hatte er genügend Geld gespart, um sich das erträumte Geschäft kaufen zu können. Und bald war er wohlhabend und angesehen. Sein Bruder Lelo hingegen zog bis zum Ende seiner Tage von Ort zu Ort und erzählte für eine Mahlzeit und ein bisschen Gesellschaft in den Wirtshäusern Geschichten.

Das tibetische Wort *Lelo* bedeutet Faulheit. *Tsondrü* bedeutet Tatkraft. Beide Eigenschaften sind uns von Geburt an mitgegeben, und wir haben die Wahl, welche wir in unserem Leben pflegen wollen.

Der Geist der Faulheit biedert sich uns in Freundesgestalt an. Er verspricht uns Annehmlichkeiten und Vergnügen. In Wirklichkeit verzehrt er jedoch unsere wertvollen Lebensträume und drückt uns nieder, so dass wir alle Bewegungsfreiheit verlieren. Jeden Tag, wenn wir uns zum Üben hinsetzen wollen, flüstert er uns ein, noch zu warten, uns ein wenig auszuruhen, denn zum Praktizieren sei schliesslich auch später noch Zeit. Dieser Geist scheint immer so verständig, und, wie Tsondrü, kann uns seine «faule» Logik hypnotisieren.

Aber wir können uns auch von der Faulheit abwenden und stattdessen der Weisheit unseres inneren Wesens lauschen. Indem wir Tatkraft und Stärke entwickeln und unsere Ziele mit beharrlicher Geduld verfolgen, können wir *Lelos* Verführungskünsten widerstehen. Wir können uns selbst um das Vertrauen reicher machen, das uns aus dem fruchtbaren Einsatz unserer Energien ganz natürlich zuwächst. Sind wir einmal aus der Umklammerung des Geistes der Faulheit losgebrochen, können wir so gut wie alles erreichen.

Die Kraft des Atems

Während der äussere Atem
dem Körper nährende Kräfte zuführt,
erfüllt der innere Atem
unser ganzes Dasein mit der vitalen
Qualität des Erleuchtetseins.

Da der Atem Wissen, Gewahrsein und sättigende Energien durch unseren Körper und Geist leitet, kann er uns auf dem geistigen Weg ein mächtiger Verbündeter sein. Wir leben im Rhythmus unseres Atems und werden uns einen direkten Zugang zu unserem inneren Wesen erschliessen, wenn wir nur ein sicheres Gespür für seine Besonderheiten bekommen.

Um die Kraft und das Potential unseres Atems voll würdigen zu können, müssen wir zwischen zwei Arten des Atems unterscheiden lernen. Da gibt es zuerst einmal den äusseren Atem, den wir über den Atmungsapparat unseres Körpers ein- und ausatmen. Dieser Atem wird mit fortschreitender Meditationspraxis immer sanfter und stiller, was uns in die Lage versetzt, einen zweiten, subtileren Atem wahrzunehmen. Dieser innere Atem zirkuliert ebenmässig, geräuschlos und voller Gefühl durch unser ganzes Dasein.

Aufgrund seiner Beziehung zu den Energiezentren des Körpers* setzt der innere Atem mächtige Veränderungen in Gang.

* Tarthang Tulku, *Selbstheilung durch Entspannung*, München, 1980, S. 41 ff

Wir dürfen uns guter körperlicher und seelischer Gesundheit erfreuen, solange die Energien ungehindert durch diese Zentren hindurchströmen können. Die Energie des feinstofflichen Atems stellt das innere und äussere Gleichgewicht wieder her, löst Verspannungen und Blockierungen und verstärkt gleichzeitig die Integration von Körper und Geist.

Obwohl der innere Atem ein potentes Werkzeug der Transformation ist, mag es zuweilen recht schwierig sein, mit ihm in Berührung zu kommen. Sind wir aufgeregt und irritiert, so atmen wir äusserlich automatisch schnell und schwer und können deswegen die feineren Gefühle, die im Atem enthalten sind, nicht mehr spüren. Es kann recht frustrierend sein, dann trotzdem zu versuchen, voll und tief durchzuatmen. Diese Frustration mag ihrerseits zusätzliche Emotionen aufwirbeln und den Geist mit Bildern und Vorstellungen vollstopfen, die uns noch unausgeglichener machen.

Ein weiteres Hindernis, das es uns erschwert, mit unserem inneren Atem in Fühlung zu kommen, ist sinnentleertes Reden. Ein solches Gerede versetzt die Gedanken und Emotionen in Aufruhr: Wir sind *einer* Meinung; wir sind *verschiedener* Meinung; wir formen Urteile oder lassen uns gar zu einer hitzigen Auseinandersetzung verleiten, die sich durch negatives Denken auszeichnet. Dieses Hin und Her der Mutmassungen und in Wallung geratenen Emotionen unterhöhlt die Vitalität des inneren Atems und laugt uns aus.

Um diesen feinstofflichen Atem bewusst wahrnehmen zu können, brauchen Sie dem gewöhnlichen Atemvorgang bloss ein wenig mehr Beachtung zu schenken. Achten Sie zum Beispiel darauf, wann Ihr Atem langsam ein- und ausströmt und wann Sie schnell und fliegend atmen. Entwickeln Sie einen langsamen und ebenmässigen Atemfluss. Ein solch ebenmässiges Atmen wird den inneren Atem auch in Stresssituationen anregen, so dass er Sie in heilsamer Weise durchströmen kann. Achten Sie ebenfalls darauf, in welcher Weise dieses sanfte Atmen Ihre Art zu reden beeinflusst. Haben Sie einmal gelernt, den inneren Atem wahrzunehmen und zu würdigen, werden Sie ganz von selbst weniger und mit mehr Bedeutung sprechen.

Mit der zunehmenden Vertiefung unserer Meditation wird der innere Atem kräftiger und durchdringender. In tiefer Meditation kommt der äussere Atem vollends zum Stillstand, und nur der innere Atem fliesst weiterhin ruhig und ebenmässig. Als Wissen und Licht trägt dieser innere Atem die Vitalität der Erleuchtung in unser ganzes Dasein.

Visualisierungsübungen sind ebenfalls geeignet, den feinstofflichen Atem anzuregen, damit er sanft und ebenmässig fliesst. Das lautlose Singen des Mantras OM AH HUM ist eine solche Übung: Bringen Sie in sich beim Einatmen das Mantra OM lautlos zum Schwingen und visualisieren Sie, wie, zusammen mit dem Atem und dem Mantra, alles Wissen in Ihren Körper und Geist einströmen. Das gesamte Universum kommt im Klangfeld dieses OM zusammen.

Intonieren Sie an dem Punkt, an dem die Einatmung stoppt, lautlos das Mantra AH. Diese Silbe transformiert die Energie des Universums in ein Reich der Stille und der Offenheit. Beim Ausatmen singen Sie (wiederum lautlos) schliesslich das Mantra HUM. Mit diesem HUM fliesst die erleuchtete Energie in das Universum zurück und verbreitet seine guten Eigenschaften in alle Himmelsrichtungen. Wiederholen Sie auf diese Art und Weise OM AH HUM lautlos mit jedem Ein- und Ausatmen. Dabei können Sie Ihre Aufmerksamkeit abwechselnd auf die mantrischen Silben, auf ihre Bedeutung oder einfach nur auf die vom Atem ausgelösten Empfindungen konzentrieren, bis diese drei Aufmerksamkeiten schliesslich nach und nach miteinander verschmelzen. Wenn dies erreicht ist, mahnt uns diese Übung nicht mehr bloss an unser erleuchtetes Wesen, sondern ist selbst bereits ein Ausdruck der Erleuchtung.

Versuchen Sie, diese Visualisierung im Laufe des Tages so häufig wie möglich zu üben. Je mehr Sie sie ausführen, desto grösser der Nutzen. Sie können diese einfache Übung überall durchführen, ganz gleich mit was Sie gerade beschäftigt sind. Anstatt Sie abzulenken, wird sie Ihre Bewusstheit für den gegenwärtigen Augenblick schärfen. Insbesondere bei Verspanntheit und Aufregung wird sie sich als recht wirkungsvoll erweisen: Atmen Sie einfach einige Augenblicke lang OM AH HUM in der oben beschriebenen Weise. Damit befreien Sie Ihren inneren Atem, so dass er mit seiner anregenden Wärme wie ein Balsam alle Verspannungen lösen kann.

Und indem Sie allmählich bewusster wahrnehmen, wie der innere Atem Sie durchströmt, hält sein allesdurchdringendes Gewisper eine immer innigere Zwiesprache mit Ihrem Herzen und Ihrem Geist; dies wird Sie zu Entspannung und einer tiefen Klarheit führen. Sie erfahren alles wie von einem vibrierenden Leuchten belebt und entdecken eine machtvolle Stille, die sich, zu Harmonie und Freude ermutigend, auf Ihre Mitmenschen und Ihre gesamte Umwelt ausbreitet. Dieser grenzenlose Frieden und diese ungebundene Klarheit sind immer verfügbar: Sie können sie mit Ihrem nächsten Atemzug berühren.

Heilung durch Mantras

Mantra ist gleich einem
wunscherfüllenden Edelstein,
der die feine Energie des
erleuchteten Geistes erweckt.

Schon seit vielen Jahrhunderten sind in den verschiedenen spirituellen Traditionen Mantras in Gebrauch, und zwar insbesondere zum Sammeln und Transformieren feinstofflicher Energien. Mit der Mantrameditation können wir das natürliche Gleichgewicht und die Harmonie unseres Lebens wiederherstellen und eine Qualität der Bewusstheit erreichen, der die Verwirklichung der Erleuchtung unmittelbar herbeiführen mag.

Wie aber wirken diese Mantras? Klang hat eine starke Wirkung auf Körper und Geist. Er kann uns besänftigen und erfreuen oder eine Disharmonie erzeugen, die uns unterschwellig gereizt macht. Mantra ist sogar noch potenter als gewöhnlicher Klang: Mantra ist eine Pforte, die uns die tieferliegenden Schichten der Erfahrung erschliesst.

Da Mantras keine begriffliche Bedeutung besitzen, rufen sie auch keine vorher bestimmbaren und festgelegten Reaktionen hervor. Beim Intonieren eines Mantra sind wir frei, gewohnheitsbedingte Reflexe zu transformieren. Der Mantraklang kann den Geist und die Sinne beruhigen, den Körper entspannen und uns mit einer natürlichen Heilenergie zusammenführen.

Die von den Tonschwingungen des Mantra zum Leben erweckten Heilenergien sind der Psyche innewohnend. Die buddhistische Tradition charakterisiert solche positiven Kräfte als Gottheiten. Jede Gottheit verkörpert eine bestimmte Lehre, eine Erfahrungsqualität, die ein wesentlicher Aspekt der Erleuchtung ist. Bei den durch Mantras hervorgerufenen Gottheiten handelt es sich also nicht um archetypische Persönlichkeiten, sondern um Manifestationen der natürlichen Wonne und transformativen Kraft, die in Körper, Atem und Geist beschlossen liegen.

Die folgenden Mantras sind besonders wirksam, wenn es darum geht, bestimmte Probleme zu bereinigen und unsere innere Bewusstheit zu fördern.

TAD YATHA OM MUNI MUNI MAHA
MUNI SHAKYAMUNI YE SOHA.

Das Mantra von Buddha Shakyamuni transformiert Täuschungen und hilft bei der Selbstheilung. Die Heilkraft dieses Mantra kann noch intensiviert werden, indem man beim Singen den Buddha visualisiert. Am Vollmonds- beziehungsweise Neumondstag ist dieses Mantra besonders wirksam.

OM AMITABHA HRI.

Das Mantra Amitabhas, des Buddhas der westlichen Himmelsrichtung, regt Klarsicht und Mitgefühl an.

OM MANI PADME HUM HRI.

Vermittels des grenzenlosen Mitgefühls Avalokiteshvaras transformiert dieses Mantra negative Emotionen und Leiden. Der Klang dieses Mantras wird Körper und Geist laben wie süsser, goldener Nektar.

OM AH RA PA TSA NA DHI

Dies ist das Mantra Manjushris. Es verkörpert alle Weisheit. Mit dem Licht der Klarsicht funkelnd, durchtrennt Manjushris Schwert Täuschung und Nichtwissen.

OM AH HUM VAJRA GURU PADMA
SIDDHI HUM

Guru Padmasambhavas Mantra hat als ein Gegenmittel gegen Verwirrung und Frustration in diesem Zeitalter der Unruhe eine besonders kräftige transformative Wirkung. Es ist am effektivsten, wenn es am frühen Morgen gesungen wird.

Mit solchen Mantras zu üben, ist gerade für uns heutige Menschen eine geeignete und wirksame Methode, weil es sehr einfach und direkt ist. Wir haben dabei nicht mehr zu tun, als uns soweit wie es geht zu entspannen, während wir die mantrischen Silben rhythmisch wiederholen, entweder lautlos oder mit lauter Stimme. Singen wir mit einem offenen Geist und vertrauen der Kraft des Mantra, wird sich diese Übung positiv und heilsam auf Körper und Geist auswirken, auch wenn wir ihr täglich nicht mehr als fünf bis fünfzehn Minuten widmen.

Je häufiger Sie das Mantra wiederholen oder sich bewusst vergegenwärtigen, desto mehr aktivieren Sie seine besondere Kraft. In der tantrischen Tradition erweckt man die Energie der eben vorgestellten Mantras gewöhnlich durch eine hunderttausendfache oder noch häufigere Wiederholung, die sich über einen Zeitraum von mehreren Monaten oder gar Jahren erstreckt. Hat sich dann genug heilende Energie des betreffenden Mantras angesammelt, kann man sie zu positiven Zwecken, wie zum Beispiel beim Heilen von Krankheiten, zum Einsatz bringen. In Tibet gebrauchte man solche Mantras häufig zum Heilen, zumeist in Verbindung mit einer medizinischen Behandlung. Aber es kam auch vor, dass sich Menschen allein durch den Gebrauch eines Mantras von einer potentiell tödlichen Krankheit selbst heilen konnten.

Seine heilsame Wirkung auf den Geist übersteigt allerdings noch seine Heilkraft für den Körper. Das Mantra kann uns helfen, während aller unserer täglichen Aktivitäten klar bewusst zu bleiben. Immer wenn uns die Anforderungen der Familie, unserer Arbeit und der Jagd nach persönlichem Glück ablenken, wenn wir das Gleichgewicht und den Boden unter den Füssen zu verlieren drohen, kann uns das Mantra ganz sanft daran erinnern, unseren Geist konzentriert und für den Fluss der unmittelbaren Erfahrung aufnahmebereit zu halten. Wenn wir den ganzen Tag über – manchmal laut, manchmal lautlos – das Mantra singen, erzeugen wir damit eine ausgewogene Sichtweise, die ohne weiteres alle Unsicherheit und Verwirrung auflöst. Darüber hinaus öffnet und transformiert das Mantra ganz sanft und mühelos alle Formen von Emotionalität und hilft uns, jede Situation klar und direkt anzugehen.

Der gesamte Dharma und alle in ihm enthaltenen Lehren lassen sich ebenfalls unter ihrem mantrischen Aspekt interpretieren. So heisst es zum Beispiel, dass Buddha Shakyamuni, während er lehrte, nur die Silbe AH aussprach. Aus dieser Silbe verstand jeder die Lehren in seiner eigenen Sprache und in der für ihn geeigneten Form. Die Kraft eines Mantra sammelt alle Laute in dem erleuchteten Feld. Das Sanskritwort *man* bezeichnet den «Samen des Geistes». Das Suffix *tra* bedeutet «magische Transmutation». *Mantra* ist also gleich einem wunscherfüllenden Edelstein, der die subtile Energie des befreiten Geistes erweckt.

Gedanken

Sobald Sie die Gedankenstrukturen durchdringen,
löst sich die starre Qualität des Denkens
in Klarheit und tiefe Befriedigung auf.

Zählen Sie nur einmal für fünf Minuten Ihre Gedanken und beobachten Sie dabei, wie viele Vorstellungen und Bilder in dieser Zeitspanne auftauchen. Tag und Nacht leitet ein Gedanke automatisch zum nächsten über: Unser Bewusstsein ist ganz von Bildern in Beschlag genommen. Wie tanzende, flackernde Irrlichter springen die Gedanken in unsere Bewusstheit und verzehren im Handumdrehen unsere Energie. Wir mögen uns dabei zwar einbilden, dass wir vorhandene Probleme lösen oder neue Ideen hervorbringen, dabei ist der Geist jedoch lediglich in ein endloses Selbstgespräch verwickelt, er entflieht in Tagträume und verschwendet wertvolle Zeit.

Solange die Gedanken weiter so herumflattern, wird unser Bewusstsein in festgefahrenen Ansichten und Reaktionen eingefroren bleiben: Ein Wort fällt, und augenblicklich wird im Geist das dazugehörige Vorstellungsbild projiziert. *In* dem Bild selbst liegt jedoch eine tiefe Erfahrung verborgen. Verweilen Sie deswegen unmittelbar in der Gegenwart. Sie werden dann das fliessende Reich des Seins betreten können, das der Raum im Innern unserer Gedanken ist.

Lässt unsere Verflechtung in Bilder und Vorstellungen nach, können wir eine Qualität des Seins entdecken, die weder eine Form noch eine spezifische Eigenschaft aufweist. Sie nimmt keine Position ein und vertritt keine festgelegten Ansichten, die sie dann verteidigen müsste. In ihr ist Frieden und Licht: Eine äusserst gesunde Stille, die die Quelle aller Lebensenergie und aller schöpferischen Aktivität ist. Die Erinnerungen an die Vergangenheit und die Projektionen in die Zukunft nehmen unsere Aufmerksamkeit nicht länger ausschliesslich in Anspruch. Der gegenwärtige Augenblick offenbart ein natürliches und ungehindertes Gewahrsein.

Wir können dieses Gewahrsein durch die Übung der Meditation entwickeln und jene unendliche Stille berühren, die unseren Gedanken zugrunde liegt und sie durchdringt. Dies lässt sich über verschiedene Wege erreichen: So können wir den Geist von allen Vorstellungen und Bildern leeren, damit nur Frieden und Klarheit übrigbleiben. Wenn in uns allerdings schon innerhalb von fünf Minuten Dutzende von Gedanken auftauchen, mag es viele Jahre dauern, sie alle zum Schweigen zu bringen.

Es gibt noch einen anderen Weg, der sehr viel schneller ist und, wenn korrekt ausgeführt, sogar sofortige Ergebnisse zeitigt. Wir können nämlich auch lernen, direkt in die Gedanken hineinzugehen und sie weit aufzubrechen, bis das Denken selbst zur Meditation wird. Anstatt sich dem Entstehen eines Gedankens entgegenzustemmen, treten Sie ein wenig zurück und entspannen Sie sich. Lassen Sie den Gedanken sein, was er sein will. Beobachten Sie sehr genau und schauen Sie auf die subtilen Gefühle, die zum Vorschein kommen, sobald der Gedanke eine Reaktion, ein Urteil oder eine Bewertung in Ihnen hervorruft. Versuchen Sie der Tendenz des Geistes Einhalt zu gebieten, diese Emotionen in der Vorstellung weiter auszuschmücken, was ja die Erfahrung noch mehr kristallisiert.

Sobald Sie die Gedankenmuster durchdringen, löst sich starres Denken in Klarheit und tiefe Befriedigung auf. Diese Klarheit ist vollkommene Bewusstheit, die weder eine Stütze noch eine bestimmte Ausrichtung benötigt. In ihrer Fülle versuchen Sie nicht, irgend etwas zu *tun*, ja, Sie versuchen nicht einmal mehr zu «meditieren». Es gibt kein «Ding» mehr, das irgendwie gelenkt oder dirigiert werden müsste. Sie selbst sind der Mittelpunkt des Gedankens, und die Mitte bedeutet wahres Gleichgewicht. «Dasein», «Existenz», «Subjekt/Objekt-Beziehung» ... solche Kategorien sind belanglos geworden. Es gibt sie nicht mehr. Aber ebensowenig sind Sie in einen Zustand der Leere oder der völligen Gedankenlosigkeit entwischt, sondern, ganz im Gegenteil, ausserordentlich wachsam und reaktionsbereit. Nun wird die Meditation wirklich lebendig! Sie sitzen einfach da und werden zu Ihren Gedanken, ganz im gegenwärtigen Augenblick, ganz mühelos ... ohne Erwartungen, aber mit sehr viel Gefühl! Das Denken selbst ist die Meditation, ohne dass es noch das gewöhnlich erfahrene «Gedankendenken» wäre, weil es nämlich gar nichts mehr gibt, das wir oder das uns festhalten könnte.

Es kann sehr viele Empfindungen auslösen, mit den Gedanken so zu arbeiten – sie sofort im Moment ihres Auftauchens öffnend –, und diese Empfindungen können dann gleichfalls, ohne dass wir an ihnen haften würden, zu unserer Meditation werden. Damit beginnen wir, einen umfassenderen Geist zu entwickeln. Die Gedanken kommen, oder sie kommen eben nicht. Da sie nicht mehr die Kraft besitzen, unsere Bewusstheit zu hypnotisieren und vollkommen in Bann zu schlagen, ist dies eigentlich egal. Wir können ganz gewandt in jeden Gedanken hineinschlüpfen. Ja, wir können sogar in jene Gedanken hineingehen, die die anderen Gedanken beurteilen, und mit diesem ständig urteilenden Geist eins werden, indem wir ihn einfach offen umarmen.

Wenn Ihr Geist aufgewühlt ist, oder Sie deprimiert sind, vergessen Sie nicht, dass die positive Seite nur um so leuchtender sein wird, und dass sich die Trennlinie, die «positiv» und «negativ» voneinander scheidet, leicht überschreiten lässt. Selbst in der denkbar ungünstigsten Situation kann sich das Licht der Befreiung in einem einzigen Gedanken manifestieren. Sie können das erleuchtete Herz eines jeden Augenblicks entdecken.

Verlassen Sie sich dann doch endlich auf dieses Licht der Bewusstheit, werden Sie sehen, dass alle Schwierigkeiten, die Ihnen widerfahren, eigentlich die Manifestation Ihrer eigenen Vorstellung sind. Wenn Sie tief in Ihre Gedanken hineingehen, werden Sie unmittelbar erkennen, wie Sie Ihre eigene Erfahrung schaffen. Sie allein sind der Richter, der «Himmel» oder «Hölle», «gut» oder «böse» festsetzt. Wo liegt dann das Problem? Ausserhalb Ihres Geistes hat es jedenfalls keine unabhängige Existenz.

Wenn Sie sich diesen Sachverhalt vollständig vergegenwärtigen, kann Sie nichts mehr aufhalten! Welche Erfahrung sich auch darbietet, bleiben Sie unmittelbar dran, erweitern und erhitzen Sie sie. Verweilen Sie im intensiven, heissen Kern der Erfahrung, so vereint sich der Meditierende mit seinen Gedanken und Emotionen. Damit aber löst sich alles auf. Dann wird die Bewusstheit mächtig und einsgerichtet. Sobald wir die Gedanken und Emotionen mehr und mehr in dieses Feld der Bewusstheit hineinnehmen, werden sie auch nützlicher. Anstatt Frustration und Verwirrung zu verursachen, sind sie nun die Urheber unseres Wohlbefindens, das Rohmaterial für einen gesunden und befähigten Geist.

Die Schönheit, die sich in jedem Gedanken und Gefühl verbirgt, ist eine Quelle der Sicherheit, der Kraft und des Schutzes. Unsere von uns selbst auferlegten Begrenzungen fallen angesichts der Befähigung und Intelligenz dieser tieferen Bewusstheit einfach weg. In dem Raum unseres tieferen Geistes ist alles vollendet. Allen offensichtlichen Schwierigkeiten unseres Lebens zum Trotz, ist hier zu sehen, dass Frieden die eigentliche Essenz des Bewusstseins ist.

Geduld

Die ausgeglichene Energie der Geduld strahlt aus unserem Herzen eine positive und konstruktive Lebenshaltung aus, die jeden Aspekt unseres Daseins durchdringt.

Wie die Würze im Essen ist die Geduld eine versteckte Zutat, die ein reiches und erfülltes Leben garantiert. Ihrem Wesen nach entspannend und gewährend, schenkt uns diese edle Freundin die Zeit, unsere Erfahrung zu würdigen und uns bei allem, was wir tun, tiefer zu engagieren. Haben wir Geduld, dann können wir der Zukunft gelassen entgegensehen, weil unsere Sinne auch gegenwärtig schon gesättigt und befriedigt werden. Selbst wenn Hindernisse noch ihren Schatten auf unseren Weg werfen sollten, wissen wir doch, dass sie sich am Ende mit Geduld überwinden lassen.

Ohne Geduld gleicht unser Leben dem Versuch, ein Feld ohne Zugtier vor dem Pflug zu bestellen: Die Furchen werden flach und krumm, die Arbeit ist hart und frustrierend. Mit der kräftigen und soliden Hand der Geduld werden wir hingegen tiefe und gerade Furchen pflügen und durch unsere Anstrengungen eine reiche Ernte einbringen. Unsere Erfahrung ist so kontinuierlich wie ein ebenmässiger Fluss, und wir handeln stets zielbewusst.

Heutzutage assoziieren wir mit Geduld selten etwas wie Stärke oder Verlässlichkeit. Wir sehen in ihr vielleicht sogar ein Anzeichen von Passivität, Schwäche oder mangelnder Fähigkeiten. Da uns die Geduld zu langsam und indirekt vorkommt, übersehen wir wahrscheinlich ihren Wert und entschliessen uns für einen leichteren und schnelleren Kurs. Der technische Fortschritt hat unser Lebenstempo verschärft und uns die Idee in den Kopf gesetzt, dass sich alle Aufgaben und Probleme ohne grosse Anstrengungen lösen lassen.

In unserer Ungeduld sind wir wie verwöhnte Kinder, die es für ganz selbstverständlich halten, zu bekommen, was immer sie wollen, und zwar sofort. Laufen wir dann auf Hindernisse oder Probleme auf, die sich nicht im Handumdrehen überwinden oder lösen lassen, sind wir völlig aus dem Häuschen und geben uns schnell geschlagen. Anstatt einer Situation offen ins Auge zu blikken und entschlossene Schritte zu ihrer Bereinigung einzuleiten, versuchen wir schleunigst in unsere Phantasiewelt zu entkommen. Es dauert dann nicht lange, bis die ungelösten Probleme uns wie ein Mückenschwarm belästigen, worauf wir schrecklich gereizt und verärgert reagieren.

Ungeduld ist unbeholfen und ungestüm. Infolgedessen stiehlt sie uns körperliche und seelische Kräfte. Wenn wir unsere Ziele ungeduldig verfolgen, atmen wir automatisch schnell und heftig. Wir bewegen uns sprunghaft und verlieren die Herrschaft über unsere Gedanken. Wir rasen aufgeregt hin und her, stets geneigt, Fehler zu machen. Wenn wir dann schliesslich doch nicht erreichen, was wir uns vorgenommen haben, sind wir verärgert und verlieren den Mut.

Ein solches Verhalten beschränkt uns in unseren Möglichkeiten und raubt uns die Kraft, überlegt vorzugehen. Selbstzweifel peinigen uns, weil uns die Ungeduld schliesslich jede innere Grundlage entzieht. Die Ungeduld ist eine Verräterin. Sie kann alle unsere Anstrengungen sabotieren und uns noch dann zum Aufgeben überreden, wenn wir das Ziel schon vor Augen haben. Häufen sich die nicht vollendeten Versuche und abgebrochenen Initiativen, müssen wir natürlich zunehmend selbstkritischer werden und schliesslich glauben, dass alles, was wir anfangen, unbefriedigend ausgehen wird. Dies ist die schwerste Konsequenz von Ungeduld.

Wenn wir nämlich alle Hoffnung aufgeben, kann uns nicht einmal ein Weg geistiger Übung aus der Misere helfen. Wir können den Sinn unserer Übung nicht mehr einsehen, büssen das Vertrauen in den Wert unseres Ziels ein.

Ungeduld und Angst können aber auch wertvolle Helfer sein, die uns lehren, Geduld zu entwickeln. Achten Sie deshalb sehr genau auf Ihre inneren Ängste – sie können ein wertvoller Hinweis darauf sein, dass Sie sich entspannen und Ihre Erwartungen und Forderungen an sich selbst ein wenig zurückschrauben sollten. Lernen Sie, schon die ersten Anzeichen von Ungeduld zu erkennen. Beobachten Sie, wie Ihre mentale und physische Energie abgeschnürt wird. Erkennen Sie, wann Gedanken und Handlungsimpulse Sie kopflos vorwärtsdrängen wollen. Achten Sie darauf, wie Ungeduld Sie in der Ansicht bestärkt, das Leben sei hoffnungslos.

Anstatt der Geduld hinterherzurennen, entspannen Sie sich lieber und lassen Sie sie auf sich zukommen. Lockern Sie alle Verspannungen im Körper. Öffnen Sie Ihre Konzentration und lassen Sie die Energie der Emotionen ungehemmt fliessen. Lassen Sie die wärmende und besänftigende Energie der Geduld in sich entstehen und Ihren Körper durchströmen. Dies *ist* dann bereits eine Übung in Geduld.

Spüren Sie, dass Sie rastlos und ungeduldig werden, so begeben Sie sich an einen Ort, an dem es kühler ist. Machen Sie einen Spaziergang in frischer und klarer Luft, wenn möglich auf einem Berg oder einer Anhöhe. Eine solche Umgebung wird eine freundlichere und friedlichere Stimmung erzeugen.

Übungen mit Farben sind eine weitere Methode, Ungeduld, Angst und Gefühlswallungen zu transformieren. Wählen Sie eine Lieblingsfarbe und gestatten Sie sich alle Qualitäten dieser Farbe zu geniessen. Nehmen Sie diese Farbe ganz bewusst innerlich wahr, damit sie die Unrast anrühren und heilen kann, die in Ihnen steckt. Sie können diese Übung noch erweitern, indem Sie sich auf eine Blume, ein Kunstwerk oder andere schöne Gegenstände beziehungsweise Bilder konzentrieren. Laden Sie diese in Ihre innere Wahrnehmung ein und fühlen Sie die Harmonie und Anmut, die von ihnen ausstrahlt, bis ihre vollendete Form Ihre von Ungeduld zersplitterte Gefühlswelt schliesslich in die angenehme und ebenmässige Energie der Geduld verwandelt.

Mit dem Einsatz von Geduld können wir alle Probleme und Schwierigkeiten zu unserem Vorteil kehren. Geduld ist wie unsere beste Freundin. Man hält sich gern in ihrer Nähe auf, denn sie ist offen und entgegenkommend. Wir können noch so launisch, wechselhaft oder überkritisch sein, die Geduld akzeptiert auch diese Eigenschaften und trägt für uns auf tieferer Ebene Sorge. Die ausgeglichene Energie der Geduld strahlt aus unserem Herzen eine positive und konstruktive Lebenshaltung aus, die unsere Arbeit, unsere Beziehungen, jeden Aspekt unseres Daseins durchdringt.

Selbstbilder

Wenn Sie es direkt anblicken,
zerfällt das Bild –
denn es ist leer, substanzlos.

Beobachten wir einmal, wie wir Tag für Tag leben, so müssen wir feststellen, dass wir sehr viel Zeit darauf verwenden, Phantasievorstellungen von uns selbst aufzubauen und das Erscheinungsbild zu verstärken, das wir für andere abgeben wollen. Unsere Selbstvorstellungen sind uns unser liebstes Kind. Eine nähere Betrachtung dieser Bilder enthüllt dann unsere charakteristischen Verhaltensweisen: Unsere typische Sitzhaltung; unser Aussehen; unsere Sprechgewohnheiten.

Diese Bilder, die wir uns von uns selbst machen, beeinflussen unser Leben ausnehmend stark, denn sie versehen uns mit, wenn auch noch so ungenauen, Definitionen der Persönlichkeit, die wir sein möchten. Wollten wir uns von ihnen losmachen, würden wir wahrscheinlich in eine Identitätskrise geraten. Deshalb lassen wir zu, dass diese Bilder sich verewigen, bis sie unseren Spielraum zu spontanem Handeln spürbar einengen. Selbst wenn uns eine Situation auch geradezu einlädt, spontan zu reagieren, zögern wir, weil die Schwerkraft unseres Denkens und Fühlens dahin tendiert, uns einfach in das Fahrwasser bestimmter Verhaltensschemata zu ziehen. Infolgedessen fühlen wir uns in unserer Freiheit beschnitten. So hart und eng wie Yak-Hörner schränken diese Selbstbilder unser Wachstum ein und verweigern uns Erfüllung und Befriedigung.

Ein tibetisches Kindermärchen erzählt uns die Geschichte eines hungrigen Bären, der mit Vorliebe Jagd auf Murmeltiere machte, die in unterirdischem Winterschlaf lagen. Der Bär scharrte den Boden auf, bis er das Murmeltier gefunden hatte. Dann versetzte er ihm einen tüchtigen Klaps, der es bewusstlos machte. In dem Gedanken, es nun erledigt zu haben, legte er es beiseite, um es zur nächsten Mahlzeit zu verzehren. Das Murmeltier erwachte jedoch aus seiner Ohnmacht und lief davon. Der Bär bemerkte dies aber nicht, sondern grub noch ein anderes Murmeltier aus, versetzte auch ihm einen Schlag und legte es ebenfalls beiseite. Aber der Bär wollte *noch mehr*. Er schnüffelte herum, bis er ein drittes Murmeltier geortet hatte. In der Zwischenzeit war das zweite ebenfalls aus seiner Ohnmacht erwacht und hatte sich schleunigst aus dem Staub gemacht. Und so ging es immer weiter. Der Bär verlor seine ganze Beute bis auf das Murmeltier, das er gerade in seinen Tatzen hielt.

Es geht uns nicht viel anders als diesem hungrigen Bären. Wir sind stets darum bemüht, unsere Selbstbilder aufzufrischen, ohne jemals so recht mit dem zufrieden zu sein, was wir haben. Da wir unsere Energie daran verschwenden, bestimmte Erwartungen zu erfüllen, fehlt sie uns anderswo, nämlich als tragende Stütze unseres Daseins. Wir haben keine Fühlung mehr mit unserem eigentlichen Wesen. Schliesslich lässt uns diese Art, unsere Erfahrung anzugehen, ausgepumpt und ermattet zurück. Trotz aller Anstrengungen haben wir nicht viel mehr vorzuweisen als Erinnerungen und Zukunftsträume.

Aber sind diese Selbstbilder wirklich die einzige Ursache für unsere Unzufriedenheit? Gibt es nicht wenigstens ein paar *echte* Probleme, die für unsere Unzufriedenheit zumindest *mit*verantwortlich sind? Zum Beispiel, wenn wir kein schönes eigenes Haus, keine gute Stellung oder nicht genug Geld haben? Vielleicht werden wir von den anderen ja auch nicht genug geliebt, oder wir sind nicht attraktiv genug? Es ist sehr verführerisch, solchen äusserlichen Ursachen alle unsere Schwierigkeiten anzulasten. Schauen wir aber einmal genauer hin, müssen wir einsehen, dass unser Unglück einzig und allein darauf beruht, dass wir den Selbstbildern erlauben, unser Leben zu bestimmen. Sobald wir dies einmal wirklich begriffen haben, können wir unsere Probleme auch zufriedenstellend lösen.

Wie können wir nun die Verwicklung in die eigenen starren Selbstvorstellungen abbauen und lernen, flexibler und offener für die unmittelbare Erfahrung zu werden? Zuerst müssen wir solche Fantasien als das erkennen, was sie sind: Bilder, die der Geist projiziert und die eigentlich gar keinen Wirklichkeitsgehalt besitzen. Warum ihnen dann überhaupt hörig werden! Natürlich mag es anfänglich schwer sein, den Gedanken und Emotionen, die uns so sehr zur Gewohnheit geworden sind, dass wir sie nicht einmal mehr klar und objektiv sehen können, *nicht* mehr zu gehorchen. Es ist wie mit einem guten Freund, dessen Ratschlägen wir viele Jahre lang gefolgt sind. Aus heiterem Himmel erfahren wir nun, er hat uns die ganze Zeit belogen. Um Gewissheit davon zu erlangen, müssen wir die Worte unseres Freundes selbst überprüfen und uns unsere eigene Meinung bilden.

Mit unseren Selbstbildern verhält es sich nicht anders. Wir müssen sie nur sorgfältig überprüfen. Dann können wir auch ihren wirklichen Wert unterscheiden lernen. Sie können zu diesem Zweck zum Beispiel einmal ein bestimmtes Selbstbild direkt ins Auge fassen, während Sie mitten in einer emotionalen Krisensituation stecken. Heizen Sie die aufkeimenden Emotionen noch zusätzlich an, damit sie sich auftürmen und ganz mächtig und gewaltig werden. Machen Sie sie so plastisch und lebensvoll, dass Sie sie fast sehen und berühren können! Fühlen Sie sie ganz unmittelbar und direkt! Auf der Welle dieser schäumenden Energie reitend, entfachen Sie nun Ihre Bewusstheit, so dass Sie eine gewisse Distanz zu dem Vorgang bekommen, mit dem Sie diese Bilder erzeugt haben.

Treten Sie einen Schritt zurück und betrachten Sie ganz direkt die Situation, die Sie selbst soeben geschaffen haben. Was sehen Sie da?

Das Bild zerfällt, sobald Sie es nur direkt anblicken, denn es ist leer und substanzlos. Zugegeben, das davon ausgelöste Gefühl ist tatsächlich da. Wenn Sie jedoch kein Interesse mehr daran haben, das Selbstbild dadurch aufrechtzuerhalten, dass Sie ihm beständig neue Energie zuführen, fesselt es Sie auch nicht mehr.

Sie können Ihr Haften an einem bestimmten Selbstbild auch dadurch lockern, dass Sie geschickt Ihre Stimmungen umschalten. Geben Sie sich zuerst einmal ganz in Ihr emotionales Elend hinein. Umarmen Sie es – ohne Vorbehalte und Werturteile! Springen Sie dann zur positiven Seite der Erfahrung hinüber: *Sie sind einfach glücklich!* Selbst wenn Sie sich anfangs nicht wirklich glücklich fühlen, überreden Sie sich dazu, bis Sie in den offenen und sorgenfreien Aspekten der Erfahrung wirklich entspannen können. Wie ist es dort, auf der positiven Seite? Achten Sie genau auf die Unterschiede zwischen den positiven und negativen Erfahrungsqualitäten.

Sobald Sie beide Seiten sehen können, sind Sie auch in der Lage, sich frei zu entscheiden: Für das einengende Selbstbild *oder* die positive Seite der Erfahrung, die Ihnen Erfüllung und Befriedigung schenkt. Unter der Herrschaft des Bildes sind sie jedoch weder unabhängig noch frei. Sie fühlen sich nicht wirklich vollkommen, sondern unter Druck, kontrolliert und irgendeiner undurchschaubaren Macht ausgeliefert. Die lichte Seite hingegen ist ausgeglichen, ausgefüllt. Anstatt etwas zu begehren oder aus Rastlosigkeit irgendwohin zu gehen, führen Sie sich selbst ganz unmittelbar neue Kräfte zu. Wie Sie sich auch fühlen mögen, Sie fühlen sich vollkommen.

Auf diese Weise mit unterschiedlichen Selbstbildern zu üben, macht Sie geistig flexibler und lehrt Sie, Ihre eigene Erfahrung in einem tieferen Sinne wirklich zu akzeptieren. Dieses Annehmen erfordert keinen zwanghaften Willensakt, als sagten wir uns: «Das muss ich eben einfach akzeptieren!» Vielmehr geht es nur darum, sich zwanglos jedem Geschehen zu öffnen.

Sind Sie erst einmal in der Lage, mühelos von der negativen zur positiven Seite Ihrer Erfahrung hinüberzuwechseln, werden Sie entdecken, dass Sie diese beiden Seiten fast simultan fühlen können – als schauten Sie in einen Spiegel und würden sich gleichzeitig Ihres Körpers und seines Spiegelbildes bewusst. Vielleicht erkennen Sie dann auch, dass Sie *nicht* von dem einen in den anderen Zustand überwechseln. Eigentlich gibt es nur *ein* unmittelbares Gewahrsein, das in jeder Erfahrung verborgen liegt.

Ein vollkommen erfülltes Leben ist für jeden von uns möglich. Um dahin zu gelangen, müssen wir unserer Erfahrung allerdings ausgeglichen begegnen. Wir haben in jeder Situation die Freiheit, die Richtung zu wählen, der wir folgen wollen. Wählen wir die Seite des Lichts und der Freiheit, dann sind ständig sich vertiefende Befriedigung und Sinnerfüllung gesichert.

Liebe und Mitgefühl

Sobald Sie Geber, Geschenk und Beschenkten überwunden haben, sind Sie zu echtem Mitgefühl gelangt.

Jeder hat das Bedürfnis nach Kontakt, jeder will Unterstützung, und es ist nur natürlich, anzunehmen, dass uns die Erfüllung dieses Bedürfnisses aus unseren zwischenmenschlichen Beziehungen zufliessen wird. Man hat uns, jedenfalls der überwiegenden Mehrheit, eben beigebracht, dass die Liebe irgendwo da draussen ist, und wir sie deswegen erlangen müssen. Deswegen wollen wir sie auch ganz für uns allein haben, wenn wir sie tatsächlich einmal finden, so als gäbe es nicht genug davon. Sobald die Liebe jedoch in selbstsüchtiges Begehren umschlägt, drehen wir uns selbst den Zustrom wahrer Intimität ab.

Die erfüllendste Liebe, die wir verwirklichen können, ist die Liebe, die in uns, im Herzen unseres Daseins ist. Mit ihr ist uns eine niemals versiegende Quelle menschlicher Wärme gegeben, mit deren Hilfe sich Einsamkeit und Unglück leicht transformieren lassen. Wir entdecken, indem wir mit dieser nährenden Energie Verbindung aufnehmen, die inneren Reserven, die für unser Wachstum und Wohlbefinden erforderlich sind. Wir lernen für unsere geistige und körperliche Gesundheit zu sorgen und nehmen uns unserer selbst in jeder Lage in der denkbar besten Weise an. Je befähigter wir sind, uns unsere echten Bedürfnisse zu erfüllen, desto mehr vermögen wir auch, anderen wirklich zu helfen.

Haben Sie das Gefühl, dass es in Ihrem Leben an Liebe fehlt, können Sie die lebensbejahende Wärme der Liebe in Ihrem eigenen Herzen entfachen. Beschenken Sie sich mit der Fähigkeit, dieses innere Leuchten und Glühen zu fühlen. Erweitern Sie es, und gestatten Sie ihm, Ihre gesamte Erfahrung mit seinem sanften Glück anzurühren. Je mehr Sie sich ganz bewusst darum kümmern, desto mehr Liebe entdecken Sie in sich und desto mehr Liebe können Sie anderen entgegenbringen. Sie erschliessen sich eine echte innere Kraft und brauchen sich nicht länger auf die Familie, Freunde oder Liebespartner zu stützen. Sie haben es nicht mehr nötig, Ihre Beziehungen auf dem Gefühl der Unsicherheit oder der Leere aufzubauen. Sie sind frei, Ihre Gefühle voll und ganz zum Ausdruck zu bringen, und Ihre Mitmenschen ebenso innig zu würdigen wie sich selbst.

Lernen Sie, dieses Sorgetragen in Ihrem Herzen zu entfachen, dann können Sie mit Hilfe seiner Energie in Ihrem Leben das Gleichgewicht wahren. Wann immer Sie sich deprimiert und verzweifelt fühlen, machen Sie von der Liebe Gebrauch, diese Gefühle zu transformieren. Stellen Sie hingegen fest, dass Sie dem entgegengesetzten Extrem übertriebener Heiterkeit oder Ausgelassenheit verfallen, lassen Sie sich davon nicht mehr völlig mitreissen, sondern finden statt dessen in der inneren Wärme dauerhaften Frieden. Je mehr Sie sich auf diese Art und Weise selbst mit nährenden Energien speisen, desto mehr werden Sie auch sich selbst vertrauen. Sie werden eine Gewissheit entwickeln, die so unzerstörbar ist wie ein Diamant. Sie werden in sich selbst Ihren besten Freund und Beschützer finden.

Wenn die Liebe in Ihnen wächst, machen Sie sie zum Geschenk! Beginnen Sie damit, dass Sie sich selbst voll und ganz akzeptieren und teilen Sie diese Liebe mit allen anderen Wesen. Empfinden Sie, besonders für die ewig Unzufriedenen, die Unwissenden und in Selbsttäuschung Verstrickten, eine tiefe Liebe. Bieten Sie diese Liebe unvoreingenommen und uneingeschränkt an, selbst denen, die grausam scheinen und Sie oder andere verletzt haben. Teilen Sie Ihre Liebe mit allen, die physische oder psychische Schmerzen erleiden. Auch wenn Sie nicht konkret helfen können, können Sie doch immerhin *fühlen*, dass Sie ihnen etwas geben, sie unterstützen und glücklich machen. Wenn Sie Ihr Herz auf diese Weise öffnen, werden Sie entdecken, dass Ihre Liebe auch im Herzen Ihrer Mitmenschen eine gewisse Wärme entfacht und sich allmählich ausbreitet, bis sie das Leben aller Wesen anrührt.

Auf diese Art und Weise, indem wir lernen, uns selbst liebevoll zu begegnen und auf das Leiden anderer zu reagieren, beginnen wir also, eine mitfühlende Lebenshaltung zu entwickeln. Solange wir uns jedoch nicht *aller* dualistischen Vorstellungen entledigt haben, werden wir nur begrenzt *mit*fühlen können. Unser Dienen und Helfen und unsere Betroffenheit sind dann eine Geste, die auf echtes Mitgefühl verweist. Zwar bewegen wir uns damit auf völlige Offenheit zu, vollkommen verwirklicht haben wir sie allerdings noch nicht.

Was sich als einfühlsam und mitfühlend darbietet, mag in Wirklichkeit in gewisser Hinsicht noch selbstbezogen sein und auf einem subtilen Begehren basieren. Wir mögen eben bestimmte Reaktionen und Gefühle; deshalb handeln wir gern so, dass wir diese auch auslösen. Wir mögen uns dann zwar in dem Glauben wiegen, dass wir einfach nur geben, ohne Erwartungen und ohne etwas dafür zu fordern, und sind in Wirklichkeit doch von emotionalem Hunger geleitet. Selbst wer in der Meditation schon erfahren und fortgeschritten ist, trägt noch Spuren dieses Begehrens in sich. Vollkommenes Mitgefühl kann aber erst dann aufkommen, wenn wir alles Begehren loslassen.

Pflegen Sie beim Meditieren eine offene Bewusstheit, und Sie werden zu echtem Mitgefühl gelangen. Bemühen Sie sich, positive Gefühle anzuregen und die Selbstbilder mit all ihren Erwartungen und Forderungen zu transzendieren. Je offener Sie werden, desto mehr können Sie allen Lebewesen beistehen. Und je empfänglicher Sie für die Probleme der anderen werden, desto vollständiger werden sich Ihre eigenen Probleme in Luft auflösen. Nach und nach schwindet der Unterschied zwischen Ihrem eigenen und dem Wohlbefinden der anderen, und Sie werden erkennen, dass es keine individuellen Probleme gibt, wenn Sie nicht länger nur mit sich selbst beschäftigt sind. Sobald Sie alle Gewinnvorstellungen und Gedanken, «Geber», «Geschenk» und «Beschenkten», sobald Sie jegliche Dualität überwunden haben, sind Sie zu echtem Mitgefühl gelangt. Wenn das Geben befreit ist von allen Spuren des Verhaftetseins, des Begehrens, dann ist es bedeutsam und angemessen – der natürliche Ausdruck eines erwachten Herzens.

Mitgefühl ist offen, frei und grenzenlos. Unbeschreibbar und jedes intellektuelle Verstehen weit überragend, geht es ohne Berechnung und spontan auf jede Situation ein, und zwar in einer Weise, die zugleich erleuchtet und transformiert. Ein solches Mitgefühl lässt sich in der Tat dem Sonnenlicht vergleichen, denn es erweckt die Wesen und erfüllt sie mit Freude; Mitgefühl gleicht auch einem Regenbogen: Seine unaussprechliche Schönheit belebt die Herzen aller, die es sehen.

Wenn wir auch noch nicht in der Lage sein mögen, ein solch tiefes Mitgefühl zu zeigen, brauchen wir doch nur seine unermessliche Tiefe zu kontemplieren, um unsere eigenen Probleme in die richtige Perspektive zu rücken. Schon allein der Gedanke, dass jeder von uns fähig ist, mitfühlend zu sein oder gar zum Mitgefühl an sich zu werden, kann eine sehr heilsame Wirkung verströmen. Wollen wir lernen, die Lehren des Buddha im Alltag anzuwenden und Alltagssituationen praktisch und positiv zu bewältigen, kann uns die Schau des höchsten Zieles mit ihrem Gefühl grenzenloser Schönheit und Freude inspirieren.

3

Teilnehmen

Die Freiheit unseres Seins ist die sicherste Zuflucht, die es auf dieser Welt gibt. Sind wir einmal mit dem natürlichen Dasein in Berührung gekommen, leben wir, ohne weiterhin gegen irgendwelche Widerstände ankämpfen zu müssen. Empfänglich für alle Aspekte der Erfahrung, nehmen wir voll und ganz am Leben teil.

Sich den Lehren anvertrauen

Sich den Lehren anzuvertrauen, heisst, alle Selbstvorstellungen, Ängste, Gedanken und Wünsche einer tieferen Selbsterkenntnis zu überantworten.

Der Buddha forderte seinen Vetter einst auf, sich mehr um das Studium und die Praxis des *Dharma* zu bemühen. Der Vetter hingegen hatte anderes im Sinn: «Dazu habe ich keine Zeit. Ich bin so in die Dame meines Herzens verliebt, dass ich sie unmöglich verlassen kann. Und, nebenbei bemerkt, macht mir das Studieren gar keine Freude.»

Der Buddha fragte ihn: «Hast du vielleicht Lust, mit mir in ein anderes Land zu reisen?» Der Vetter war sofort einverstanden und wurde, indem er sich an der Hand des Buddha festhielt, augenblicklich in himmlische Gefilde getragen. Bald nach ihrer Ankunft äusserte der Buddha den Wunsch, allein zu meditieren. Er entfernte sich von seinem Vetter und überliess ihn sich selbst. Der junge Mann schaute sich staunend um, denn überall war nur Schönheit und Glanz. Die Männer und Frauen hörten den Lehren zu, ergingen sich in prächtigen Gärten und tanzten unbeschwert. Engelhafte Wesen flogen freudvoll durch die Lüfte.

Allerdings musste der Vetter des Buddha bald feststellen, dass er ganz allein war, im Gegensatz zu allen anderen, die sich angenehmster Gesellschaft erfreuten, und er wünschte sich, mehr am Geschehen teilnehmen zu können. Schliesslich gelangte er zu einem prächtigen Palast. In der Hoffnung, jemanden zu finden, mit dem er reden könnte, trat er ein. Im Inneren des Palastes traf er vier unvergleichlich anmutige Frauen, mit denen er zu reden begann. Als erstes fragte er: «Wer wohnt in diesem Palast?»

«Oh, momentan sind wir die einzigen Bewohnerinnen», antworteten sie ihm, «aber ein gewisser junger Edelmann, der sich im Moment gerade für das Studium der Lehre zu interessieren beginnt, wird schliesslich hier bei uns wiedergeboren werden, weil er sich die notwendigen positiven karmischen Anlagen schafft.

Wir warten auf ihn.»

«Wer ist denn der Glückliche?» forschte er weiter. Die Frauen entgegneten ihm, dass es sich um den Vetter des Buddha handeln würde. Hocherfreut über diese Antwort, begab sich der junge Mann sofort wieder zum Buddha und bat ihn um die Erlaubnis, sein Schüler werden zu dürfen. Der Buddha nahm ihn daraufhin als Schüler an und kehrte mit ihm zur Erde zurück, damit er den *Dharma* studieren konnte

Dieser Vetter war Nanda, einer der engsten Schüler des Buddha. Die Faszination des *Dharma* bestand für Nanda anfänglich darin, mit den anmutigen Göttinnen zu leben, die er auf seinem Ausflug in himmlische Gefilde getroffen hatte. Der *Dharma* und sein Übungsweg schienen an sich gar nicht so wichtig. Sein einziger Gedanke war, grösseren Genuss und grösseres Glück für sich zu gewinnen. Nanda betrieb seine Schulung jedoch beharrlich weiter und entsagte als ein Arhat schliesslich allem. Als man ihn dann später auf den himmlischen Bereich hin ansprach, antwortete er bloss: «Vergessen.» Da er den *Dharma* in sich verwirklicht hatte, brauchte er darüber hinaus nichts mehr.

Wie Nanda fühlen auch wir uns hauptsächlich deshalb zum *Dharma* hingezogen, weil er uns etwas zu bieten scheint, das wir für unser persönliches Glück als notwendig erachten. Je bewusster wir werden, desto klarer sehen wir dann wahrscheinlich, dass es sich bei unseren Glücksvorstellungen nur um Projektionen handelt, an die sich der Geist als Ersatz für wirkliche Befriedigung und wirkliches Lernen klammert. Der *Dharma* ist nicht etwas, das wir besitzen können. Auch wenn er zuerst von aussen an uns heranzutreten scheint – aus einem Buch, durch Freunde oder unsere Lehrer nahegebracht –, kommt der wahre *Dharma* von innen heraus. Er fliesst in unserem Blut und vereint sich mit unserem Geist und unserem Herzen.

Wenn wir die Lehren als etwas Äusserliches betrachten und die Übung für etwas halten, das unserem Leben gleichsam aufgesetzt wurde, werden wir wahrscheinlich sehr lange studieren und praktizieren, ohne über eine bestimmte Ebene begrenzter Verwirklichung hinauszugelangen. Milarepa behandelte dieses Problem und seine Lösung: «Äusserliche Gefühle erzeugen das Bedürfnis, sie zu deuten, und blockieren damit den Zugang zu absoluter Verwirklichung. Vergiss deshalb alle relativen Wahrheiten und schau in dich selbst. Vergiss alle begrifflichen Vorstellungen und Ideen, denn sie werden dir nicht helfen.»

In der Praxis der Meditation lernen wir, auf eine ganz neue Art und Weise zu sehen. Es geht bei der spirituellen Schulung eben nicht bloss darum, einen Satz von Interpretationen oder eine gewöhnliche Form des Sehens durch eine neue zu ersetzen. Eine weltliche Mentalität mit einer spirituellen oder eine europäische Weltanschauung mit einer tibetischen zu vertauschen, würde nur unsere äusseren Lebensumstände verändern. Es ist wichtig, darüber hinauszugehen: Wir müssen unsere Wahrnehmung völlig transzendieren – und dies lässt sich am ehesten erreichen, indem wir uns dem *Dharma* völlig anvertrauen.

Unter einem solchen Anvertrauen verstehen wir gewöhnlich eine Art Kapitulation, das passive Sich-Unterordnen unter eine Person oder Sache, die einfach stärker und mächtiger ist als wir. Sich dem *Dharma* anzuvertrauen, erfordert jedoch den aktiven und fortwährend sich erneuernden Einsatz aller unserer Energien. Sich den Lehren anzuvertrauen heisst, alle Selbstvorstellungen, Ängste, Gedanken und Wünsche einer tiefen Selbsterkenntnis in die Hände zu geben. Es bedeutet, dass wir uns unserem wahren Wesen anvertrauen, das gesünder und stärker ist, als die Oberflächenerfahrung es jemals sein kann.

Bevor wir einen solchen tiefen Glauben fassen, sind wir gewissermassen im Exil: lange schon ziehen wir durch ein fremdes Land. Vertrauen wir uns aber schliesslich dem *Dharma* an, können wir endlich entspannen und zuversichtlich sein: Der *Dharma* ist wie ein Fremdenführer, der uns gleich dorthin geleiten wird, wo wir hingelangen müssen. Selbst wenn wir über das häufig schmerzhafte Erwachen, das mit dem Prozess des inneren Wachstums unweigerlich einhergeht, ins Stolpern geraten, können wir uns auf unseren Führer verlassen. Er wird uns Stütze und Schutz zugleich sein.

Wenn wir an den *Dharma* glauben und den Lehren konzentriert und hingebungsvoll folgen, werden wir sicherlich die Freude und tiefe Befriedigung vollständiger Erfüllung kosten können. Die Energie der Erleuchtung wohnt in unserem Herzen, sie versorgt und leitet uns mit dem inneren Licht unseres wahren Wesens. Sich dieser höheren Energie anzuvertrauen, heisst, die Praxis zur Vollendung zu führen.

Natürliches Sein

Alles Schöne, Wahre und Wertvolle
ist in natürlichem Sein enthalten.

Das natürliche Sein ist unser erleuchtetes Wesen. Dieses Sein ist nicht von uns und unserem Dasein getrennt, so dass wir es erst noch erlangen müssten. Machen wir das natürliche Sein zu unserer geistigen Heimat, entstehen daraus ganz spontan und als ein Geschenk Wahrheit und Schönheit. Vollkommenes Wissen durchstrahlt unser Leben. Körper, Geist und Sinne führen uns mühelos zur Erleuchtung. Der spirituelle Pfad ist uns so nah wie unser Herzschlag und unser Atem.

Obwohl die perfekte Harmonie und Mühelosigkeit des natürlichen Seins uns doch so nahe stehen, sind sie häufig schwer fassbar. Oft können wir uns der ängstlichen Beklemmung nicht erwehren, dass uns zu unserem Wohlergehen noch etwas Entscheidendes fehlt. Wir mögen uns einbilden, dass die Erfüllung in einer idealen Existenzform weit von unserem normalen Dasein entfernt liegt, und danach suchen wir dann bis zur Erschöpfung.

Selbst der Versuch, unsere Meditation perfekt durchzuorganisieren, kann uns noch dazu verleiten, Gewohnheiten anzunehmen, die verhindern, dass wir unser Ziel auch tatsächlich erreichen. «Ich mache das bestimmt nicht richtig. *So* meditiert man doch sicher nicht ...», weisen wir uns ständig selbst zurecht. Wir glauben, dass wir nicht vorwärtskommen, und kritisieren uns, weil wir keine Fortschritte erzielen. Solche Urteile bauen jedoch zwischen uns und unserer Meditation gleichsam eine Mauer auf, und wir verlieren den Kontakt zu der fliessenden Harmonie unserer Natur. Es ist, als würden wir trotz unseres Hungers unsere eigenen Vorräte nicht anrühren und lieber verhungern, obwohl unsere Speisekammer bis zum Bersten mit nahrhaften Speisen gefüllt ist.

Anstatt also zu versuchen, «Weisheit», «Bewusstheit» und «Meditation» genau begrifflich festzulegen, anstatt sich darüber den Kopf zu zerbrechen, ob Sie richtig oder falsch meditieren, werden Sie solche Gedanken fortan einfach nur registrieren, ohne sich von ihren Bedeutungen gefangennehmen zu lassen. Geben Sie solchen Gedanken einfach keine Gewalt mehr über sich. Dann haben Sie es auch nicht mehr nötig, vor ihnen davonzurennen oder sich vor ihnen zu verkriechen – Sie brauchen nichts dergleichen zu tun.

Ohne ein Subjekt, welches sich nach aussen hin orientiert, und ohne ein Objekt, das zu besitzen wäre, öffnet sich das Dasein von innen heraus zum Sein. Dann werden Sie sich wahrscheinlich sagen: «Ich kann den feinen Unterschied zu meiner gewöhnlichen Erfahrung tatsächlich erkennen. Herrlich ist das! Über diese Erfahrung sollte ich mir einmal genau Rechenschaft ablegen.» In dem Augenblick jedoch, in dem Sie versuchen, der Erfahrung einen bestimmten Ausdruck zu verleihen oder sie so zurechtzubiegen, dass sie in bestimmte begriffliche Schablonen passt, ist sie bereits entschwunden. Eigentlich hatten Sie sie mit einem solchen Rechenschaftsbericht zu einem dauerhaften Besitz machen wollen, tatsächlich sondern Sie sich dadurch aber vom natürlichen Sein ab.

Tauchen solche Gedanken, eine solche Gefühlswallung auf, so können wir die innere Stimme, die uns sagt: «Dies hat eine Bedeutung, und zwar *für mich*!» einfach entspannen. Anstatt uns von Interpretationen, Vorstellungsbildern, Emotionen und Sinnesempfindungen gefangennehmen zu lassen, können wir im Zustand reiner Energie verweilen. Da wir die Energie unmittelbar fühlen, werden wir ohne weiteres bemerken, dass sie die Totalität des Seins berührt wie ein Regentropfen, der in den Ozean fällt. Dann haben wir eine Methode gefunden, unsere Gedanken und Emotionen in meditative Erfahrung umzuwandeln, und öffnen den Geist für das Spiel des Seins.

Je mehr wir am natürlichen Sein teilnehmen, desto weniger benötigen wir dazu besondere Techniken und desto weniger kümmern wir uns darum, Antworten auf unsere Fragen zu bekommen. Je weitgefasster unsere Vorstellung vom Geist wird, desto mehr Erfahrung können wir vorurteilslos akzeptieren. Dieses freudige Annehmen wird selbst zur Meditation, und wir vergegenwärtigen uns endlich, dass Meditation ein wesentlicher Bestandteil unserer Erfahrung ist. Alles Schöne, Wahre und Wertvolle ist im natürlichen Sein inbegriffen, so dass wir nicht mehr nach «besonderen Erfahrungen» und «blitzartigen Einsichten» ausschauen müssen. Und ebensowenig müssen wir dem Geist laufend über das Geschehen berichten. Sind wir mit unserem inneren Wesen in Kontakt, wird die Unterscheidung zwischen sogenannter «Meditation» und sogenannten «nicht-meditativen» Zuständen aufgehoben.

Das Leben wird nun erst richtig interessant, denn wir sind voll und ganz auf das natürliche Sein eingestimmt. Stumpfsinn und Langeweile kommen überhaupt nicht mehr auf. Was wir auch hören, sehen, schmecken oder fühlen, was immer in unser Leben tritt, alles wird ergiebig und lebendig. Das Leben wird anziehender und fesselnder, weil wir unsere Bemühungen wirklich geniessen, ganz gleich, ob sie die gewünschten Erfolge bis ins Letzte herbeiführen oder nicht.

Ein freudvoller, ausgeglichener Lebensstil ist unsere natürliche Antwort auf das Sein. Wir öffnen unser Herz den anderen. Aufrichtigkeit und verständnisvolle Bewusstheit sind unsere Moral, und wir komplizieren unser Leben nicht länger mit Falschheit und Manipulation. Wir bauen keine negativen Strukturen mehr auf und haben damit auch in Zukunft keine Probleme mehr. Auf diese Art und Weise bewegen wir uns ganz allmählich auf die Erleuchtung zu.

Die Freiheit unseres Seins ist die sicherste Zuflucht, die es auf dieser Welt gibt. Sind wir einmal mit dem natürlichen Dasein in Berührung gekommen, leben wir, ohne weiterhin gegen irgendwelche Widerstände ankämpfen zu müssen. Empfänglich für alle Aspekte der Erfahrung, nehmen wir voll und ganz am Leben teil. Damit verstehen und erfüllen wir die uns dargebotene einmalige Gelegenheit des Menschseins.

Lehrer und Schüler

Zwischen Lehrer und Schüler wird ein Band geknüpft, das niemals gebrochen, sondern durch die Verwirklichung der Erleuchtung nur transformiert werden kann.

Die Biographien der grossen buddhistischen Meister sind reich an eindrucksvollen Geschichten über die zentrale Rolle, die der Lehrer bei ihrem Werdegang spielte. Ihre Schilderungen des ersten Zusammentreffens, der Prüfungen, die sie zu bestehen hatten, der Lehren, die sie übermittelt bekamen, und der daraus gewonnenen Verwirklichung, künden von einer tiefen Liebe und Wertschätzung. Daraus ersehen wir, dass das Verhältnis von Lehrer und Schüler nicht weniger innig ist als die Beziehung zwischen Eltern und Kind. Der *Guru* versucht, die Schwierigkeiten seines Schülers oder seiner Schülerin zu bereinigen und sie von weiteren Problemen wegzuleiten.

Eine so enge und folgenreiche Beziehung geht man natürlich nicht unüberlegt ein. Ashvaghosha, ein berühmter buddhistischer Dichter, der etwa im ersten Jahrhundert lebte, schrieb dazu folgendes: «Damit das Band zwischen Lehrer und Schüler ungebrochen bleibt, muss eine Zeit der gegenseitigen Prüfung vorausgehen. Nur so können beide feststellen, ob sie die Voraussetzungen mitbringen, die Klippen einer Lehrer/Schüler-Beziehung zu meistern.» Bevor er seine Wahl trifft, muss der angehende Schüler sicher sein, dass sein zukünftiger Lehrer geeignet und mitfühlend ist. Ebenso sollte er für ihn Respekt empfinden und sich in ihn einfühlen können. Hat der Schüler dann seine Wahl getroffen, wird der Lehrer die Entschlossenheit des Schülers und seine Befähigung für einen spirituellen Schulungsweg testen. Der Lehrer nimmt den Kandidaten erst dann formal als Schüler an, wenn ein gegenseitiges Vertrauen hergestellt ist. Sind Lehrer und Schüler ihre gegenseitigen Verpflichtungen voll eingegangen, dann ist damit ein Band geknüpft, das niemals gebrochen, sondern durch die Verwirklichung der Erleuchtung nur transformiert werden kann.

Bei der Aufnahme gelobt der Lehrer, sich mit ganzem Herzen für das Wohlergehen seines Schülers einzusetzen und alles in seiner Macht stehende für die körperliche, geistige und spirituelle Gesundheit seines Schützlings zu tun. Da der Lehrer über mehr Erfahrung und ein tieferes Wissen verfügt, hat er für den Schüler eine grössere Verantwortung als der Schüler ihm gegenüber. Der Schüler wird mehr Vertrauen in Lehrer und Übungsweg bekommen, wenn er einmal die Tiefe der Absicht seines Meisters erkennt. Er wird die Lehren dann freudiger annehmen können.

Gewöhnlich meinen die Schüler, dass sie gleich etwas bekommen werden, sobald sie nur die ersten Schritte auf dem Weg gemacht haben: Ein glückliches Leben; mehr Freunde; grössere persönliche Macht und Ausstrahlungskraft und so weiter. Obwohl die Praxis des *Dharma* unzweifelhaft viele positive Ergebnisse zeitigt, werden sich die ganz spezifischen Wünsche des Schülers allerdings nicht unbedingt erfüllen. Solche Erwartungen hinsichtlich der Früchte eines spirituellen Schulungsweges werden uns nur verständlich und plausibel vorkommen. Da sie jedoch unsere Verständnisbereitschaft trüben, machen sie es uns schwerer, die Lehren zu empfangen. Ein Schüler mit vorgefassten Meinungen über den Lehrer oder die Lehren gleicht einem schmutzigen Gefäss, das alles trübt, was hineingegossen wird. Auch wenn der Schüler die Lehren dann vielleicht in aller Reinheit übermittelt bekommt, wird er sie durch sein Vorurteil beflecken und nicht mehr klar sehen oder verstehen können.

Um dem Schüler zu helfen, seine Erwartungen aufzugeben, wird ihn der Lehrer anspornen, sich selbst einmal ganz unvoreingenommen und ehrlich zu betrachten. Das ist sicherlich gar nicht so einfach, denn um einen solchen klaren Blick zu erlangen, muss man durch dicke Schichten von falschem Stolz und Selbstzweifel hindurch. Der Lehrer sieht diese Schattenstellen, und seine Klarsicht hilft dem Schüler, sich da hindurchzufinden. Die Beziehung zu unserem Lehrer bietet uns also die kostbare Gelegenheit, emotionales Gebundensein zu transformieren.

Der Lehrer gibt Anleitungen, die zu denselben Erfahrungen und zu demselben Verständnis führen können, welches er einst selbst gewinnen konnte. Für den Schüler, dem Wanderer auf dem Pfad zu Befreiung, stellen diese Lehren so etwas wie eine Landkarte dar, und der Lehrer ist ein erfahrener Wegführer. Wünscht der Schüler, sein Ziel auch tatsächlich zu erreichen, so muss er sich mit seiner Rolle anfreunden, nämlich dem Wegführer zuzuhören und zu versuchen, der Landkarte zu folgen. Obwohl es sich bei den mündlichen und schriftlichen Instruktionen des Lehrers wie bei den Symbolen auf der Landkarte nur um Ideen und Vorstellungen handelt, sind sie doch ein Mittel, mit deren Hilfe wir unseren Bestimmungsort erreichen können. Wenn wir den Anweisungen nicht wirklich und beherzt folgen, mag sich auch die Erfahrung der Verwirklichung nicht einstellen. Wir kommen dann möglicherweise sogar vom Weg ab und verlieren die Orientierung.

Eine Geschichte aus dem Leben des grossen tibetischen Yogi Milarepa mag verdeutlichen, wie wichtig es ist, dem Lehrer zu vertrauen und die Bindung mit ihm zu pflegen. Als Milarepa sich unter seinem Lehrer Marpa zu schulen begann, musste er viele schwere Aufgaben erfüllen, ohne die spirituellen Lehren übermittelt zu bekommen, nach denen ihn eigentlich dürstete. Mit der Erfüllung jeder Aufgabe hoffte Milarepa, endlich die Lehren zu erhalten. Marpa hingegen weigerte sich nicht nur, Milarepa irgendeine spezifische spirituelle Unterweisung zu erteilen, er befahl ihm obendrein, sein Werk immer wieder zu zerstören und jedes Mal von vorn anzufangen.

Nachdem viele Jahre so vergangen waren, kam Milarepa schliesslich zu der Überlegung, dass er die ersehnten Lehren ja vielleicht auch anderswo erhalten könnte. Da er sich darüber im klaren war, dass der jähzornige Marpa seinem Weggang niemals zustimmen würde, schlich er sich ohne Marpas Wissen davon und wusste unter betrügerischem Vorwand von einem anderen Lehrer akzeptiert zu werden, der ihm die Anweisungen gab, die die Erleuchtung eigentlich garantieren. Obwohl Milarepa diesen Instruktionen buchstabengetreu folgte, kam er zu absolut keinem Ergebnis. Dem neuen Lehrer war dies ein Rätsel – bis er dahinterkam, dass Milarepa seine Schulung bei Marpa vorzeitig abgebrochen hatte und ohne die Erlaubnis seines Lehrers weggegangen war. Milarepa wurde daraufhin umgehend an Marpa zurückverwiesen. Als Marpa schliesslich von der Aufnahmebereitschaft seines Schülers wirklich überzeugt war, konnte Milarepa endlich die höchsten Lehren empfangen und wurde mit der Zeit ein vollkommen verwirklichter Yogi.

Eine solche Verpflichtung, die von einem verlangt, auch ohne sichtbare Ergebnisse viele Jahre durchzuhalten und weiterzumachen, mag sich in der heutigen Welt kaum noch durchsetzen lassen. Wir mögen uns, besonders im Westen, wo die persönliche Freiheit einen so grossen Wert darstellt, von derartiger Hingabe bedroht fühlen: Setzen wir nicht unsere Unabhängigkeit aufs Spiel, wenn wir einer anderen Person dermassen schrankenlos vertrauen?

Deswegen sollten wir den Lehrer vielleicht auch noch unter einem anderen Aspekt betrachten, nämlich als ein Symbol der Klarheit und Gelassenheit, die mit dem Sich-Öffnen des Geistes zum Vorschein kommen. Der Begriff *Guru* verweist dann auf unsere innere Bewusstheit, das *Buddhawesen*. «Sich dem *Guru* hinzugeben» bedeutet also nichts anderes, als sich der erleuchteten Qualität des Geistes zu öffnen.

Trotzdem werden wir uns unter Umständen immer noch

fragen, ob ein persönlicher Lehrer notwendig ist, wenn wir die Erleuchtung erlangen wollen. Die Antwort auf diese Frage hängt von der Situation des jeweiligen Individuums ab, auf das sie sich bezieht. Die meisten Menschen werden von dem Verhältnis zu einem erfahrenen Lehrer profitieren. Es gibt jedoch auch andere, die eine solche Beziehung als hinderlich empfinden: Ihre Angst vor Manipulationen macht die Anweisungen eines Lehrers sinnlos. Diese Menschen finden es leichter, auf eigene Initiative und im eigenen Tempo schmerzliche Erfahrungen und Selbsterkenntnisse zu verdauen. Und es gibt, selten zwar, natürlich auch diejenigen, die ihre eigene Entwicklung so wirkungsvoll steuern können, dass sie keinen Lehrer benötigen.

Wenn eine Lehrer / Schüler-Beziehung auch für die meisten von uns von Nutzen sein mag, ist sie in diesen Zeiten des Konflikts und der Verwirrung vielleicht gar nicht so einfach zu finden. Sollte es uns nach geistiger Führung dürsten, müssen wir unseren zukünftigen Lehrer sorgfältig prüfen: Gehört er einer Überlieferungslinie erleuchteter Meister an? Ist er bereit, für seine Schüler wirklich Verantwortung zu tragen? Eine authentische Lehrer / Schüler-Beziehung hat mit fortgesetzter Abhängigkeit und Manipulation nichts zu tun. Ein echter Lehrer ist ein wahrer Freund und willens, uns zu helfen, absolut frei zu werden.

Den Beobachter beobachten

Wenn Sie vollständig zum Beobachter geworden sind, existiert er nicht länger als eine separate Wesenheit.

Schüler: Als ich meine Gedanken beobachtete, liess ich den Beobachter meine Gedanken beobachten, während ich selbst dann den Beobachter beobachtete.

*Rinpoche:** Ich möchte gern ganz genau hören, was Sie sagen. Bitte, ein Wort nach dem anderen.

Schüler: Ich habe Gedanken und beobachte einfach diese Gedanken ...

Rinpoche: Sie haben Gedanken, und dann?

Schüler: ... dann setze ich mich von den Gedanken ab und beobachte sie einfach.

Rinpoche: Augenblick. Das Ganze noch einmal: Sie haben einen Gedanken. Sie erkennen: Da ist ein Gedanke. Welches ist nun der Beobachter?

Schüler: Eben. Deswegen habe ich ja auch versucht, den Beobachter dabei zu beobachten, wie er die Gedanken beobachtet.

Rinpoche: Gut. Das ist soweit klar. Aber was bedeutet das,

* ein Ehrentitel, «Kostbarster». Hier bezieht er sich auf Tarthang Tulku

wie Sie es verstehen? Also, nehmen wir einmal an, ich bin Sie … Da ist ein Gedanke. Den beobachte ich. Was mache ich überhaupt? Wer ist der Beobachter? Mit ganz einfachen Worten … Da ist der Gedanke (zeigt auf einen Gegenstand) und den beobachte ich. Ich beobachte eben diesen Gedanken. Und wie stelle ich das an?

Schüler: Der nächste Schritt besteht darin zu sagen: «*Das da* ist nicht ‹Ich›, *dies hier*, dies bin ‹Ich›.»

Rinpoche: Das ist aber schon ein neuer Gedanke.

Schüler: Eben, darin besteht ja gerade die Schwierigkeit.

Zweiter Schüler: Ich glaube, wir sollten uns auf die Person konzentrieren, die die Gedanken beobachtet.

Schüler: Genau, das wollte ich eigentlich noch sagen. Als ich dies machte, habe ich mich viel offener gefühlt. Da war plötzlich viel mehr Raum … ein ganz eigenartiges Gefühl.

Rinpoche: Na schön. Sobald Sie allerdings ein Gefühl erkennen, haben Sie es auch schon wieder mit einem Gedanken zu tun. Zu jedem Erkennen gehört automatisch der, der erkennt.

Schüler: Das ist derselbe, der auch die Gedanken beobachtet, der das Geschehen wahrnimmt.

Rinpoche: Richtig. *Da* müssen Sie hinspringen! Das *Gesicht* des Beobachters erjagen! Mehr ist nicht zu tun. Verstehen Sie das? Jagen Sie dort, nicht anderswo … im ersten Augenblick … als wenn Sie einen Tiger jagen würden … Wenn Sie *sein Gesicht* jagen, haben Sie keinen zweiten Gedanken! Sind Sie ganz bei der Jagd, *werden* Sie zur Erfahrung. Jäger und Gejagte treffen sich und sind unmittelbar vereint. Es gibt keinen anderen Gedanken mehr. Sie werden nichts mehr verpassen, wenn Sie dies mit allen Ihren Gedanken tun.

Wenn Sie es mit gescheiteren Worten ausdrücken wollten, könnten Sie vielleicht sagen: «Meine Bewusstheit erkennt …» Ihre Bewusstheit hat in diesem Sinne eine Gestalt. Sie ist eine Art Hülse, eine spezifische Form oder charakteristische Struktur, mit der Sie jenen Gedanken aufnehmen. Sie müssen den Gedanken in diese Struktur oder Totalität hineintreiben. Der Betrachter, Empfänger,

Wahrnehmende, Erkennende … fangen Sie ihn einfach ein. Dies wird zu *unmittelbarer* Erfahrung. Nichts geht mehr «dahin» oder «dorthin», nichts wird zurückgelassen. Jeder Gedanke wird in dieser Totalität aufgenommen. Ein anderer Gedanke existiert dabei nicht. In genau diesem Augenblick wird Ihre Bewusstheit momentan erleuchtet. Es gibt keine Trennung zwischen den Dingen, keinen, der etwas vorstellt, und keinen, dem etwas vorgestellt wird. Der erste Augenblick wird zur Erfahrung an sich.

Gewöhnlich stellen wir uns die Gedanken als etwas vor, das von anderswoher auf uns zukommt. Zum Beispiel: Der Erkennende fängt einen Gedanken auf und hat dabei den Eindruck, der würde seinem eigenen Geist entspringen. Während er diesem Gedanken dann nachgeht, sagt er sich: «Ich bin gar nicht der, der dir nachgeht. Noch ein ganz anderer ist hinter dir her.» Das ist ganz schön raffiniert. Tatsächlich ist der erste Gedanke bereits längst verschwunden, und der Erkennende hat einen weiteren, neuen Gedanken hervorgezaubert. Der Erkennende *ist* dieser neue Gedanke, aber er stiehlt sich klammheimlich davon und sagt: «Ich bin gar nicht der, den du anschauen willst, schau besser da drüben einmal nach.»

Sie sollten aber den einfangen, der Ihnen immer die Antworten zuflüstert, der Ihnen weismacht, anderswohin zu schauen. Den müssen Sie erjagen, ihm in die Augen sehen. Wenn Sie *den* Gedanken mit Erfolg einfangen, gibt es keinen Jäger oder Erkennende mehr. Der Beobachter ist zur Erfahrung geworden. Wenn Sie diese Praxis üben, können Sie sehen, dass die Gedanken nicht von irgendwoher kommen.

Schüler: Nehmen wir einmal an, ich versuche gar nicht weiter, alle Gedanken einzufangen, die der Erkennende hervorbringt. Ist das dann nicht dasselbe, wie den ersten Gedanken zu fassen zu kriegen? Ich meine, angenommen, ich gebe das Meditieren einfach auf und vergesse das alles, würde ich damit nicht zum selben Ziel kommen?

Rinpoche: Nein, denn Sie wissen ja vielleicht gar nicht, *welchen* Gedanken Sie einfangen müssen. Ich versuche Ihnen hier anschaulich zu machen, in welchen Gedanken Sie mit Ihrer Bewusstheit hineinbeissen müssen. Wenn Sie in den richtigen Gedanken beissen, hat das Sinn und Zweck. Sie hingegen sagen, dass es für Ihre Meditation egal ist, ob Sie in den richtigen oder den falschen Gedanken beissen. Das stimmt aber nicht.

Sagen wir einmal, Sie schauen nach einem Gedanken aus: «Ach, da ist er ja schon. Ich kann ihn sehen. Ich muss ihn zu fassen kriegen.» In der Zwischenzeit taucht ein anderer Gedanke auf. Sie brauchen nämlich noch einen anderen Gedanken, wenn Sie den ersten Gedanken *nach Ihrer* Methode einfangen wollen. Anders *glauben* Sie ja gar nicht, dass Sie ihn tatsächlich gefangen haben. Das ist Ihr Problem. Sie müssen einen anderen Gedanken hervorbringen, um denken zu können, dass Sie den ersten zu fassen gekriegt haben. Schliesslich sagt Ihnen Ihre Logik ja auch: «Wenn keine Hand da ist, wie kann man dann überhaupt etwas ergreifen?» Es gibt also noch einen Gedanken ... Und wer fängt *den* ein? Darauf folgt ein weiterer Gedanke ... Und wer erwischt *ihn*? Auf diese Art und Weise werden Ihre Gedanken in viele Splitter zerfallen, und das kann endlos so weitergehen.

Ich werde versuchen, das noch ein bisschen anders zu erklären: Ich sage, ich sehe meinen Gedanken. Tatsächlich sehe ich jedoch gar keinen Gedanken, der von mir getrennt ist. Es gibt keinen solchen Gedanken, der *dort* hingestellt ist: Der Beobachter manifestiert sich selbst. Die Bewusstheit ist beim Beobachter, nicht bei einem Gedanken, der vom Beobachter getrennt ist. Ich *denke* mir den Beobachter als etwas anderes, als er eigentlich ist.

In der Zeitspanne, in der ich meinen Gedanken vor mir zu sehen scheine, kann ich ihn interpretieren. Da steht also ein Gedanke: Ich kann ihn fühlen, sehen, projizieren und erfahren, wie er geschieht ... Eigentlich ist der Gedanke aber gar nicht vom Beobachter getrennt. Zwischen dem Gedanken und dem Beobachter gibt es keine Kluft, keine Worte, keine begrifflichen Vorstellungen, keine *Hinter*gedanken. Wenn Sie dem Beobachter unmittelbar begegnen, werden Ihre Bewusstheit und der Beobachter eins. Die

Grenzlinie, die das Subjekt vom Objekt scheidet, bricht völlig auf. Nur die Erfahrung an sich ist geblieben oder, wenn Sie so wollen, reine Energie.

Wie können Sie nun jene Grenzlinie aufbrechen? Dazu müssen wir ein paar gescheite Beobachtungen anstellen: Wer sieht? Wer macht die Erfahrung? Sitzen Sie einfach ganz still. Gehen Sie sanft nach innen und beobachten Sie den Gedanken. Wenn Sie vollständig zum Beobachter geworden sind, existiert er nicht länger als eine separate Wesenheit. *Ebenso wie der Gedanke verschwindet auch der Beobachter.* Es gibt keine Trennung, keine Aufteilung, kein Subjekt und kein Objekt. Wenn Sie dies erfahren, werden Sie ganz von selbst eine natürliche, brausende Energie, eine Art Schock spüren ... wie bei einer Seifenblase, die sich immer weiter ausdehnt, bis sie plötzlich zerplatzt. Wenn Sie den Beobachter beobachten, gibt es keine Gedankenformen mehr. Meditation ist alles, was dann noch übriggeblieben ist ... Kein Subjekt, kein Objekt, kein dualistischer Geist. Der Geist ist vollkommen still geworden.

Den Beobachter zu beobachten führt direkt und unmittelbar zu einer Art von Licht oder Energie oder Bewusstheit. Bleiben Sie dabei! Das ist Ihre Meditation! Wenn Sie versuchen, noch weiterzugehen, bringen Sie nur wieder einen anderen Gedanken hervor.

Wenn ich so rede, hören Sie da etwas? Ja? Dann meditieren Sie über den, der hört ... Fühlen Sie etwas? Dann meditieren Sie über den, der fühlt ... Sehen Sie etwas? Nun, so meditieren Sie eben über den, der sieht, über den Beobachter! Wenn sich Ihre Bewusstheit ganz natürlich entwickelt, werden Sie zu verstehen beginnen, dass es eigentlich gar kein Beobachten und auch keinen Beobachter gibt.

Das Licht der Bewusstheit

Die «sehende» Energie verwandelt die in den Emotionen «eingefrorene» Energie in reine Bewusstheit – wie ein Sonnenstrahl, der Eis zu Wasser schmelzt.

Die Wirklichkeit ist allumfassend: Das absolute Wesen ist eins. Auch wenn wir uns getrennt fühlen von dieser ursprünglichen unerschaffenen Wirklichkeit, die wir manchmal «Gott», ein andermal «Gipfelerlebnis», ein drittes Mal den «erleuchteten Geist» nennen, kann uns Bewusstheit dazu verhelfen, mit diesem wesentlichen Teil unserer selbst in Berührung zu kommen.

Die Bewusstheit bildet den reinen Grund unserer Erfahrung und trägt jeden Aspekt unserer Welt mit unerschütterlichem Gleichmut. Ihr Licht kann unsere Erfahrung erleuchten und uns mit vollendetem Verstehen beschenken.

Wie eine glatte Spiegeloberfläche reflektiert die Bewusstheit das Schauspiel und die Geräusche unseres Alltags. Reine Bewusstheit lässt sich ebensowenig von der Alltagserfahrung ablösen wie der Spiegel von seinem Spiegelbild. Ja, die Bewusstheit durchtränkt gar noch die begrifflichen Vorstellungen und dualistischen Zustände, die vom Geist errichtet wurden. Alle scheinbar für sich bestehenden Dinge sind Manifestationen und Kategorien dieser Bewusstheit.

Da wir allerdings nur die Bilder sehen, die sich auf der Spiegeloberfläche zeigen, vergessen wir unversehens ihren Ursprung. Der tiefer liegende Strom der Bewusstheit entzieht sich unserer Sicht, weil wir die Bausteine unserer Welt – Gedanken, Gefühle und Wahrnehmungen – als etwas massiv Gegenständliches hinnehmen. Sobald wir jedoch den Geist mehr wie in einem Brennpunkt vereinen und seine Funktionsweise verlangsamen, können wir uns daran machen, diese rigiden Strukturen aufzuweichen. Wenn die Bewusstheit dann auch in unser Oberflächenbewusstsein aufsteigt, kommt es möglicherweise sogar zu interessanten, neuen Erfahrungen.

Da Bewusstheit eine strahlende Lichtqualität besitzt und zudem sehr viel mit dem Gesichtssinn zu tun hat, arbeiten viele Übungen mit dem Gesichtssinn und dem Gefühl strahlender Helligkeit. Wir wollen uns einmal etwas näher mit einer solchen Übung befassen: Finden Sie einen hellen, angenehmen Ort zum Üben. Setzen Sie sich mit geöffneten Augen bequem nieder, ohne den Blick scharf auf die Gegenstände in Ihrem Gesichtsfeld einzustellen. Konzentrieren Sie sich nun, als wollten Sie mit den Augen auf einen entfernten Klang lauschen. Nach ein wenig Übung werden Sie merken, dass Sie tatsächlich mit den Augen *hören* können. Meditieren Sie direkt in diesem stillen, leeren Klang.

Wenn Ihnen diese Übung Schwierigkeiten bereitet – vielleicht spüren Sie, dass Sie sich körperlich verspannen oder dass die vielen Gedanken Sie belästigen –, schliessen Sie die Augen, entspannen Sie sich vollkommen und gleiten Sie in die friedvolle Stille hinein, bevor Sie einen neuen Anlauf machen. Eine einfache Körperbewegung, wie zum Beispiel den Kopf langsam von einer Seite zur anderen zu rollen, mag Ihnen ebenfalls helfen, die Gedanken und Ablenkungen aus dem Weg zu räumen, die sich in Ihrem Geist gestaut haben.

In der traditionellen Schulung macht der Lehrer den Schüler gewöhnlich mit solchen, die Bewusstheit anregenden Visualisierungsübungen vertraut, sobald der Schüler über ein wenig Meditationserfahrung verfügt. Der Schüler mag dann zum Beispiel angeleitet werden, eine bestimmte Farbe oder Form oder ein religiöses Bild oder Symbol zu visualisieren, je nach seinen Anlagen und entsprechend der Überlieferung, derer der Lehrer sich bedient. Im Laufe der Übung wird das visualisierte Objekt zu kristallisierter Bewusstheit, die Körper und Geist mit ekstatischer Klarheit durchflutet.

Die Visualisierung ist eine rasch wirkende Methode zur Entwicklung von klarer Bewusstheit, aber sie richtig auszuführen, ist nicht immer einfach. Wollen Sie das Visualisieren üben, benötigen Sie zuerst natürlich ein angemessenes Visualisierungsobjekt. Jedes einfache und inspirierende Objekt – oder die bildliche Darstellung eines solchen Objektes – ist dazu geeignet. Setzen Sie sich in bequemer Haltung hin und schauen Sie das Bild oder Objekt direkt an. Nehmen Sie es auf einmal und vollständig auf, ohne sich im einzelnen seine besonderen Unterscheidungsmerkmale anzusehen, so als würden Sie einem guten Freund ins Gesicht schauen. Schliessen Sie, nachdem Sie es einige Minuten betrachtet haben, die Augen und beobachten Sie das Nachbild des Objekts. Sobald es verblasst und sich auflöst, öffnen Sie die Augen und schauen das Objekt wieder an. Verwenden Sie mehrere Meditationssitzungen darauf, bis Sie mit dem Objekt wirklich vertraut geworden sind.

Visualisieren Sie das Objekt dann mit geöffneten Augen etwa einen Meter vor sich, entweder vor Ihrem Oberkörper oder in Augenhöhe befindlich. Sehen Sie das Bild ganz deutlich, aber ohne übermässige Anstrengung. Wenn Sie es zuerst nicht klar sehen können oder sich das Bild in Ihrem Gesichtsfeld ein- und ausblendet, sollten Sie sich mehr auf die von dem Bild hervorgerufenen Gefühle als auf seine äusserliche Gestalt konzentrieren. Verstärken Sie dieses Gefühl der Objektpräsenz so weit es geht. Sie wissen: Das Objekt steht dort vor Ihnen. Der unmittelbare Zugang zu einem solchen wissenden Fühlen versetzt Ihren gesamten Körper in einen Zustand der Entspannung. Sie haben nicht länger den Eindruck, eine genau definierte Erfahrung zu machen, sondern spüren nur ganz intensiv, wie Sie von einem Feld der Bewusstheit eingehüllt werden. Indem Sie die Präsenz des visualisierten Objekts solchermassen ganz hautnah fühlen, bereiten Sie sich darauf vor, es bald klar und deutlich vor sich sehen zu können. Endlich tritt das Bild als ein klarer und vibrierender Ausdruck der Bewusstheit in Erscheinung.

Dann können Sie das Objekt entweder vor sich oder in Ihrem Körper visualisieren. Oder Sie können es nacheinander zuerst vor sich sehen, dann in sich hereinnehmen und dann wieder vor sich hinstellen. Das visualisierte Objekt derart hin- und herzuverlagern, bis es ganz mühelos geht, wird Ihre Bewusstheit gleichzeitig geschmeidiger und präziser machen.

Lassen Sie zu, dass die Visualisierung am Ende der Übung sich vollkommen in reine Bewusstheit auflöst, zum Beispiel, indem Sie das Bild entschweben und immer kleiner werden lassen, bis es aufgrund der Entfernung kaum noch zu sehen ist. Dieser winzige Fleck zerschmilzt endlich zu reinem Licht. Verweilen Sie, solange es geht, in dem stillen Raum, den Ihnen die Visualisierung erschlossen hat.

Hat Ihre Praxis schliesslich eine gewisse Eigendynamik bekommen, werden Sie feststellen, dass das visualisierte Bild tagsüber ganz spontan immer wieder einmal auftritt. Ihr Bewusstsein ist um eine «sehende» Qualität bereichert, die die meisten emotionalen Probleme und negativen Verhaltensmuster gleich bei ihrem Auftreten zerlegt.

Bei heftigen Emotionen können Sie das visualisierte Bild wie ein Werkzeug einsetzen: Schauen Sie bei solchen Gelegenheiten direkt auf das Bild und leiten Sie die von ihm erweckte Bewusstheit in jeden Gedanken und jedes Gefühl hinein. Die «sehende» Energie verwandelt die in den Emotionen «eingefrorene» Energie in pure Bewusstheit – wie ein Sonnenstrahl, der Eis zu Wasser schmelzt.

Mit der Zeit werden Sie das visualisierte Bild als reine Bewusstheit erkennen: Es ist vollkommen gegenwärtig und gleichzeitig vollkommen offen. Durch fortgesetztes Üben wird sich dieses Verstehen allmählich erweitern, so dass wir seine Klarheit schliesslich *in jedem* Objekt wahrnehmen. Wir werden direkt sehen, wie unsere «Welt» aus dieser klaren und leuchtenden Dimension hervortritt und in sie zurückkehrt. Achten wir, die Energien unseres Körpers und unseres Geistes wie in einem Brennpunkt konzentrierend, auf dieses Licht, mag dadurch unser ganzes Dasein zu neuem Leben erwachen und zu einem strahlenden, vereinten Feld der Bewusstheit verschmelzen.

Traum und Illusion

Sobald wir erst einmal verstehen, dass unsere Wacherfahrung den Träumen ähnlich ist, brauchen wir das Leben nicht länger als ein ernsthaftes Problem anzugehen.

Aus einem Alp erwacht, stellen wir erleichtert fest, dass es nur ein Traum war. Die Angst flaut ab, und während die Gestalten und Formen der gewöhnlichen Realität wieder plastisch hervortreten, können wir zurückschauen und darüber lachen, wie wir uns von einer solchen Illusion bloss haben erschrecken lassen. Aber die Realität des Wachzustandes ist, obwohl sie uns vielleicht normaler und vertrauter vorkommt, eigentlich nicht handfester als ein Traum, fehlt doch selbst ihren solidesten und lebensvollsten Aspekten noch jede wirkliche Substanz.

Die Lehren des Traumyoga zeigen uns, wie wir die traum-hafte Qualität der im Wachzustand für wahr genommenen Wirklichkeit sehen können. Aber warum sollten wir, einmal vorausgesetzt, unser Leben ist sorgenfrei und problemlos, überhaupt ein Interesse daran haben? Solange wir nämlich positive Erfahrungen machen und nicht durch von aussen kommende Störfaktoren aufgerüttelt werden, sind wir doch ganz zufrieden, das Leben so zu nehmen, wie es ist, eingelullt von seiner scheinbaren Behaglichkeit. Wenn es jedoch bedrohlich wird und wir uns von unseren Problemen immer mehr eingeengt fühlen, kämpfen wir nicht viel anders um unsere Freiheit wie in einem bösen Traum.

Unsere alltägliche Lebensperspektive zeigt uns, dass alle Welt Probleme und jedes Individuum seine oder ihre besonderen Schwierigkeiten hat. Es gibt im Leben halt unangenehme, unausgeglichene und unbefriedigende Situationen – vielleicht machen wir diese Erfahrung häufiger oder sogar permanent. Der Traumyoga lehrt allerdings, dass diese Probleme nur deshalb existieren, weil wir an die von uns geschaffene Wirklichkeit glauben und sie als eine objektive Tatsache betrachten.

Wir eignen uns gewisse Ideen über das Selbst, das Glück, den Erfolg, die Liebe und so weiter an und nehmen unsere Eigenschöpfungen dann so furchtbar ernst, dass wir sie für real und unveränderlich halten. Sobald das Leben unseren vorgefassten Meinungen zuwiderläuft, kämpfen und leiden wir. Unsere Bereitschaft, an eine substantielle und festgefügte Welt zu glauben, macht uns ironischerweise zu Opfern der Flüchtigkeit des Lebens.

Sobald wir erst einmal verstehen, dass unsere Wacherfahrung dem Träumen ähnlich ist, brauchen wir das Leben nicht länger als ein ernsthaftes Problem anzugehen. Wir können entspannen und ein bisschen flexibler werden, schliesslich ist eine solche Traumwirklichkeit ja nicht sonderlich stabil oder dauerhaft. Unsere Persönlichkeit wandelt sich und unsere Beziehungen zu anderen Menschen und der Welt werden besser.

Auch wenn er die Wirklichkeit des Wachzustandes als traum-haft begreift, ist der Traumyoga doch keineswegs daran interessiert, die Erfahrung zu interpretieren. Wir können endlos über die Bedeutungen reden, die angeblich hinter den Erfahrungen stekken. Da eine derartige «Bearbeitung» nur ein recht indirektes Verständnis fördert, ist es auch nicht von überragender Wichtigkeit. Indem er Wach- und Traumzustand miteinander verschmilzt, geht es dem Traumyoga vielmehr darum, zu entdecken, was *unmittelbar* wirklich ist.

Ein Gesamtüberblick über unser Leben zeigt uns, dass wir geboren wurden, zur Schule gingen und berufstätig wurden; ferner, dass wir denselben Körper, denselben Geist und vielleicht sogar immer noch dieselben Interessen haben wie früher. Allerdings existiert unser bisheriges Leben nur noch als eine Reflektion unserer Erinnerungen an die Vergangenheit. Die Erinnerung scheint für uns der einzige Weg zu sein, unsere vergangene Erfahrung zu überprüfen. Und wenn wir sie einmal sorgfältig unter die Lupe nehmen, sehen wir, dass diese Erinnerungsmuster ihrer Qualität nach den Nachtträumen sehr ähnlich sind.

Analog dazu mögen wir unsere Erfahrung des Traumzustandes untersuchen: Wir denken uns den Traum gemeinhin als etwas Irreales, Unwahres und Unbeständiges. Und doch scheint die Erfahrung der Nachtträume ausserordentlich «real» zu sein, solange wir beim Träumen nicht schon sehr bewusst sind ... so wie beim Wachen.

Wir nehmen vielleicht an, dass zwischen diesen beiden Seiten eine Mauer ist, die «Realität» von «Irrealität» und Tagtraum von Nachttraum scheidet. Aber trotzdem können wir jeder Erfahrung, die wir auf der einen Seite dieser Mauer machen, auch auf der anderen Seite begegnen. Wir versuchen zu unterscheiden und sagen: «*Dies* ist der *Tag*traum.» Eine solche Unterscheidung existiert allerdings nur in unserem Geist und in der von uns gemachten Aussage. Entfernen wir diese geistige Mauer, werden Tag- und Nachttraum, «Realität» und «Irrealität» plötzlich eins.

Die anschliessende Übung kann Ihnen helfen, das Bindeglied zwischen Traum- und Wachwirklichkeit zu finden, und Ihre Meditation auf Ihre Träume auszudehnen. Sie wird am Tag oder in der Nacht jeweils vorm Einschlafen ausgeführt. Atmen Sie sanft und gleichmässig, so dass sich Kopf, Hals und alle Muskulatur entspannt. Schalten Sie alles herunter. Ihr Geist ist ruhig und gesammelt. Beobachten Sie nun, ohne sich gross anzustrengen, wie die geistigen Bilder aufsteigen und wieder vergehen. Konzentrieren Sie sich völlig unverkrampft, sonst schlafen Sie gar nicht erst ein. Während Sie ganz behutsam den Geist beobachten, geleiten Sie ihn sanft in den Traumzustand, als würden Sie ein Kind bei der Hand führen.

Beobachten Sie den Traum, ohne Ihre «Wachbewusstheit» zu verlieren. Das ist nicht schwer. Tatsächlich haben die meisten von uns diese Wachbewusstheit bereits in Träumen erlebt. Häufig taucht sie ganz automatisch auf, wenn ein Traum beunruhigend ist und seine Ereignisse sich immer bedrohlicher zuspitzen. An diesem Punkt sagt Ihnen zumeist ein Aspekt Ihres Bewusstseins, dass Sie sich nicht zu ängstigen brauchen: Alles ist nur ein Traum. Mit dieser Bewusstheit verliert die Erfahrung an Schrecken.

Wenn Sie sich, wohl wissend, dass Sie schlafen, in Ihrem Traum entspannen können, beherrschen Sie das Träumen. Dann können Sie in Ihren Träumen fast alles anstellen: Sie können fliegen, aufregende Orte besuchen und in diesem fliessenden, sich dauernd verändernden Zustand jedes Erlebnis haben, das Sie sich nur vorstellen können.

Als nächstes können Sie dann lernen, die Flexibilität und Offenheit des Traumzustandes auch in Ihrer Wacherfahrung zu sehen. Entspannen Sie sich und fühlen Sie die leichte und bewegliche Energie des Traumzustandes. Betrachten Sie Ihre gesamte Erfahrung unmittelbar als Traum. Dies kann erfreulich und zugleich äusserst interessant sein. Laufen, reden, trinken, essen ... alles ist in diesem Traum inbegriffen. Versuchen Sie aber ja nicht, irgend etwas zu verändern oder sich *begrifflich* vorzustellen, dass die gewöhnliche Erfahrung ein Traum ist. Bleiben Sie einfach ganz locker und entspannt. Was auch immer auftaucht, was immer Sie fühlen, akzeptieren Sie es einfach als ein weiteres Traumbild. Sie können sogar sich selbst, Ihr Bewusstsein, als Teil jenes Traumes sehen. Obwohl einerseits der Projektor, der die Bilder erzeugt, so sind Sie doch auch ein Teil des Films. Vergegenwärtigen Sie sich, dass die traum-hafte Natur des Daseins jeden Aspekt des Seins umfängt: Selbst die Erleuchtung ist ein Teil des Traumes.

Wenn Sie sich darin üben, zu sehen, dass in diesem Traum

alles gleichwertig enthalten ist, werden Sie einen gesunden, ausgeglichenen Geist entwickeln. Aber dann kommen Sie vielleicht auch auf den folgenden Gedanken: «Wenn ich akzeptiere, dass all dies bloss ein Traum ist, kann ich ja gleich aufhören zu arbeiten und es darauf anlegen, nur noch meinem Vergnügen und Genuss zu leben.» Da alles, was immer Sie tun, *bereits* ein Teil des Traumes ist, stellt die Einsicht, die das Leben als einen Traum enthüllt, jedoch keinerlei Grund dar, irgend etwas zu verändern. Wir müssen nur beobachten. Verändern müssen wir gar nichts.

Der Buddha hat uns oftmals darauf aufmerksam gemacht, dass die Welt einer Illusion gleichkommt. Haben wir diese Einsicht schliesslich verwirklicht, werden uns selbst die schwierigsten und schmerzhaftesten Situationen nicht aus dem Gleichgewicht werfen, und die Dinge werden nicht mehr die Kraft haben, Festhalten und Verlangen zu schüren, auch wenn sie noch so schön und begehrenswert sein mögen. Da wir nicht länger von unseren Problemen beherrscht werden, sind wir frei, anderen bei ihren Schwierigkeiten beizustehen. Die Illusion der gewöhnlichen Erfahrung hat keine Kontrolle mehr über uns, wenn wir die traum-hafte Natur der Wirklichkeit sehen. Wir haben die Souveränität gewonnen, das Spiel des Lebens in vielen Bildern und in seiner ganzen Fülle würdigend zu geniessen.

Vorbereitende Schritte zum Verständnis von Shunyata

Alles existiert perfekt als vollkommene Offenheit.

Ziehen wir die Möglichkeit der Erleuchtung zum ersten Mal in Betracht, verstehen wir unter einer solchen Erleuchtung natürlich eine *Sonderform* der Erfahrung. Wir setzen voraus, dass uns die Meditation zu immer höheren und lichteren Seinszuständen führen wird, bis sich Sehen und Fühlen unserer gewöhnlichen Erfahrung in vollendete Freude und Seligkeit wandelt. Vom Gesichtspunkt der höchsten Verwirklichung aus betrachtet, ist allerdings alles, in das wir jetzt verwickelt sind, bereits in dieser Erleuchtung inbegriffen. Alles ist bereits vollendet. Kein einziges Ding ist unvollkommen. Es gibt nichts, das einer Läuterung oder Entwicklung bedürfte. Mit ihrem Dasein ist jede Form, jede spezifische Qualität bereits vollkommen und vollendet … ungeachtet ihrer Beschaffenheit.

Aus dieser Perspektive gibt es weder Erleuchtung noch Nichterleuchtung, kein *Samsara*, kein *Nirvana*. Die der Existenz innewohnende Vollendung geht über alle relativen Interpretationen und Beschreibungsversuche ihrer Eigenschaften hinaus. Sogar bevor wir zu praktizieren und zu meditieren beginnen, sind alle Erscheinungen und Formen schon als vollkommenes Sein vorhanden.

Deswegen gibt es nichts zu gewinnen, nichts zu verlieren, nichts zu verwirklichen und keinen besonderen Ort, an den man gelangen müsste.

Aber warum sind wir dann nicht jetzt schon erleuchtet? Und wie können wir uns eines vollendeten Seins erfreuen, wenn unsere Welt und unser Leben doch so weit von einem solchen Idealzustand entfernt zu sein scheinen?

Die Antwort auf diese Frage ist in unserer Tendenz zu suchen, allen unseren Erfahrungen eine Identität zu geben, einen Stempel aufzudrücken, sie zu definieren und zu kategorisieren. Durch diesen Prozess verlieren wir den Kontakt mit der Wirklichkeit, denn sobald wir sie zu beschreiben und interpretieren beginnen, sind wir *draussen* und schauen sie uns *an*. Indem wir uns von der Wirklichkeit absondern, schaffen wir selbst die Trennung, die wir durch unsere Meditation dann zu überbrücken versuchen.

Sogar die letztliche Verwirklichung denken wir uns noch als das Ziel einer Subjekt/Objekt-Beziehung, und sehen gar nicht, dass eine solche «Verwirklichung» nicht mehr als eine Begriffskonstruktion ist, ein Beiprodukt unserer Konditionierung, die die potentielle Tiefe und Klarheit des Geistes verdunkelt. In Wahrheit gibt es weder im Subjekt noch im Objekt irgend etwas zu entdecken – keinen Raum, keine Zeit, keine Materie. Ja, es gibt nicht einmal so etwas wie einen «Geist».

Aber wer verwirklicht dann die Erleuchtung? Niemand! Alles ist perfekt in vollkommener Offenheit da. Alle Manifestationen sind Leerheit, und Leerheit ist alle Manifestation. Aber wir können als Individuen diese vollkommene Offenheit nicht begreifen. Wir können sie nicht sehen, nicht berühren, nicht riechen, nicht schmecken, nicht interpretieren oder in einer anderen Weise erfahren. Ein «Ich», das sehen, begreifen, schmecken oder erfahren, das die Körperlichkeit der materiellen Substanz leugnen oder bestätigen oder zwischen «existent» und «nicht-existent» vergleichen könnte, ein solches «Ich» gibt es nicht.

Absolute Offenheit, *Shunyata*, hat keinen Boden, keine Plattform. Sie nimmt keine Position ein. Da sie keine charakteristischen Merkmale und keine Wesenheit besitzt, können der Geist oder die Sinne sie nicht erfahren. Die Wirklichkeit schliesst alle Positionen ein, jeden Aspekt von Existenz und Nicht-Existenz. In *Shunyata* ist Raum für jede Möglichkeit, und alles passt perfekt.

Sie beginnen diese Leere zu verstehen, wenn Sie sich daranmachen, alle sie betreffenden Meinungen wegzuräumen. Wenn Sie meinen, dass *Shunyata* ein ungeheuer riesiges, ja, unendliches Feld ist: Verwerfen Sie diese Idee! Wenn Sie an den Geist glauben und alles für geistgeschaffen halten oder von einer Grundlage beziehungsweise Substanz ausgehen: Werfen Sie solche begrifflichen Vorstellungen über Bord! Demaskieren Sie alles und lassen Sie den Geist total still werden: friedvoll, leer und klar. Lassen Sie ihn zur Erfahrung von *Shunyata* werden. In diesem klaren und offenen Raum zwischen den Gedanken gibt es kein Subjekt, kein Objekt und keine Erfahrung. Hier liegt die Natur der Erleuchtung.

Wir wollen das nur schwer akzeptieren, wenn wir uns einmal eine zwar unzutreffende, aber begriffliche Vorstellung von der Erleuchtung zurechtgelegt haben. Wir denken dann gern, dass zur Erlangung der Erleuchtung mehr gehört, als einfach nur die offene Leerheit zu umarmen. Aber unsere *Ideen* von der Erleuchtung und von unendlichen Wesen sind häufig sehr eingeschränkt. Zwar haben wir diese begrifflichen Vorstellungen nur deswegen hervorgebracht, um unsere Wirklichkeit besser zu begreifen, doch stehen sie nun ironischerweise unserer *Ver-Wirklichung* im Weg.

Auf gleiche Weise erschaffen wir Begrenzungen, wenn wir meinen, dass wir von anderen Dingen getrennt sind. Wir denken, dass wir nach *aussen* gehen, um etwas zu berühren, das von uns gesondert existiert, oder dass wir uns *draussen* umschauen, um *dort* etwas zu sehen, aber der Berührer berührt unmittelbar, der Seher sieht unmittelbar ... ohne einen Zwischenraum zu überbrücken. Sobald wir etwas als getrennt postulieren oder zwecks besserem Verständnis isolieren, haben wir *Shunyata* schon aus den Augen verloren.

Wo kommt der Geist her? Wo geht er hin? Wo ist die Quelle des Bewusstseins? Wo entsteht das Leben? Wo wurde alles Sein erschaffen? Auf alle diese Fragen gibt es nur eine Antwort: *Nirgendwo*. Es ist alles dieselbe Wirklichkeit, dieselbe Energie, die weder eine Quelle noch einen Anfang besitzt. Zwischen Gegenwart und Vergangenheit, zwischen hier und dort gibt es keine wirkliche Trennlinie. Wir sind immer *in* der Wirklichkeit. Unser Geist ist niemals von der Erleuchtung abgeschnitten.

Aber was ist dann der Unterschied zwischen der Erleuchtung und der gewöhnlichen Existenz? Der erleuchtete Zustand ist ungeheuer reich, offen und erfüllt. Der Zustand des *Samsara* hingegen zeichnet sich durch grenzenloses Leiden aus: Durch grenzenlose Dummheit und Verwirrung. Trotzdem: vom Gesichtspunkt der *Shunyata koexistieren* diese beiden Zustände. Nichts trennt sie voneinander!

Die Erleuchtung ist weder in einer Person begründet noch irgendwo lokalisiert. Sobald wir dies einmal verstehen, wissen wir auch, dass wir vom erwachten Geist niemals wirklich getrennt waren. Wir sehen, dass die Erleuchtung unser gesamtes Dasein durchtränkt und nicht weniger von uns zu trennen ist, wie sich der Ton von der Musik scheiden lässt. *Shunyata* ist alles und nichts. In dieser vollendeten *Ver-Wirklichung* der Offenheit ist alles enthalten.

Index

Der verborgene Geist der Freiheit ist vielleicht nur eine geraffte Darstellung des Pfades zur Erleuchtung. Es steckt jedoch mehr Material zum Üben und Nachdenken darin als man bei der Kürze des Textes vermuten würde. Deswegen das sehr ausführliche Namen- und Sachregister: Es soll der Aufschlüsselung der vielen Zusammenhänge dienen. Die zahlreichen Querverweise mögen den Leser anregen, tiefer zu forschen und bestehende Verbindungen aufzudecken: Etwa zwischen «Bewusstheit», «Beobachter», «Leuchtkraft der Erscheinung» und «Leerheit» und so weiter.

Wer darüber hinaus Näheres über die von Tarthang Tulku gelehrten Methoden erfahren möchte, kann sich an folgende Adresse wenden: Nyingma Gemeinschaft, Hittorfer Strasse 53, D-44 Münster

Der Übersetzer

Namen- und Sachregister